MEIN HEISS GELIEBTER TEDDYBÄR

MEIN HEISS GELIEBTER
TEDDYBÄR

Nach klassischen Vorbildern selbst genäht

Alicia Merrett und Ann Stephens

Urania-Ravensburger

Die Deutsche Bibliothek – CIP-Einheitsaufnahme
Ein Titeldatensatz für diese Publikation ist bei
Der Deutschen Bibliothek erhältlich.

ISBN 3-332-01097-2

Titel der englischen Originalausgabe:
The Complete Book of Teddy Bear Making Techniques
Copyright © Quarto Inc. 1998
Zuerst veröffentlicht in den USA von
Running Press Book Publishers, 1998
Text Copyright © Alicia Merrett und Ann Stephens

Übersetzung ins Deutsche: Regine Felsch
© der deutschen Übersetzung 2000 bei Urania-Ravensburger
in der Dornier Medienholding GmbH, Berlin

Umschlaggestaltung: Behrend & Buchholz, Hamburg
Fotos: Martin Norris, Les Wies, Paul Forrester
Illustrationen: Elsa Godfrey
Lektorat: Margret Plath
Satz: Graphiti GmbH, Berlin
Druck: Leefung-Asco Printers Ltd., China
Gesamtherstellung: Urania-Ravensburger, Berlin
Printed in China

Gedruckt auf alterungsbeständigem Papier mit chlorfrei
gebleichtem Zellstoff.

Die Schreibweise entspricht den Regeln
der neuen Rechtschreibung.

03 02 01 00   4 3 2 1

Inhalt

Einführung 6

Sicherheit 8

Werkzeug und Zubehör 10

Materialien 14

Stiche 19

EIN BÄR WIRD GEBOREN 20

Teddys entwerfen 22

Schnittmuster 28

Schnittauflage, Markieren und Zuschneiden 30

Den Bären nähen 33

Den Kopf nähen 36

DEN BÄREN ZUSAMMENBAUEN 44

Wie man die Gelenke einsetzt 46

Wenden und Gelenke einsetzen 52

Bären stopfen 58

DAS GESICHT DES BÄREN 64

Augen 66

Nasen 72

Münder 78

Ohren 80

Feinarbeiten 82

Aus Neu mach Alt 86

MINIATURBÄREN 88

KLEIDUNG NÄHEN 98

Kleidung für Bären nähen	100
Weste und Fliege	102
Schlips und Kragen	104
Hüte	106
Rock	108
Kleid	110
Hosen	112
Trainingsanzug	113
Latzhose	114
Hemd	116

GALERIE 118

Traditionelle Bären	120	Bärenpaare	138
Klassische Bären	122	Szenen	140
Weiterentwicklung klassischer Bären	126	Fantasiebären	142
Auf allen vieren	128	Besondere Bären	144
Besondere Merkmale	130	Miniaturbären	146
Einfache Kleidung	132	Schnittmuster zum Kombinieren	148
Ungewöhnliche Kostüme	134	Register	158
Häusliche Bären	136	Danksagungen	160

Einführung

Der traditionelle Gelenk-Teddy wurde 1903 geboren; ob in Deutschland oder Amerika, darüber streitet man noch. Im Nu eroberte er weltweit die Herzen der Menschen und wurde zu ihrem beliebtesten Spielzeug und Begleiter.

Die frühen Teddys sind teure und unter Sammlern sehr gefragte Antiquitäten. Weil sie selten, aber so heiß begehrt sind, sind viele Bärenmacher dazu übergegangen, neue Bären zu machen, die wie die traditionellen aussehen. Schon bald gab es etliche Variationen und heute werden Künstlerbären in den unterschiedlichsten Stilen angeboten.

WIE MAN ANFÄNGT Es ist nicht schwer, selbst einen Bären herzustellen: Sie müssen nur ein bisschen nähen können, den Rest zeigt Ihnen dieses Buch. Es gibt nichts Schöneres, als seinen ersten klassischen Gelenk-Teddy anzufertigen. Sobald Sie sich in die Ausformung solch eines kleinen Wesens vertieft haben, rücken die Alltagssorgen in weite Ferne. Und aus einem freudebringenden Hobby kann ein blühendes und lohnenswertes Geschäft erwachsen, wie die Galerie aus Bärenfotos einiger unserer besten Künstler beweist.

Bei dem überwältigenden Angebot an Stoffen, Zubehör, Schnittmustern und Anleitungen ist es schwierig zu entscheiden, wo man anfangen soll. Dieses Buch möchte Ihnen dabei helfen. Wenn Sie die Grundlagen des Bärenmachens erst einmal verstanden haben, sind Ihrer Fantasie keine Grenzen gesetzt.

TECHNIKEN Es gibt so viele Arten, Bären herzustellen, wie es Künstler gibt. Wir zeigen Ihnen unsere bewährten Methoden, die nicht nur beim Bärenmachen getestet, sondern auch in unseren Workshops weitergegeben wurden. Wir beantworten die Fragen, die am häufigsten von Anfängern gestellt werden, zeigen Ihnen weitere Einzelheiten und Spezialtechniken, und begleiten Sie auf dem Weg zu Ihrem eigenen echten Teddy. Je mehr Bären Sie anfertigen, umso geschickter werden Sie. Und je häufiger Sie mit neuen Ideen experimentieren, umso klarer werden sich Ihre Bären von anderen unterscheiden und eine Magie ausstrahlen, an der man den Unterschied zwischen Bärenmachern und Bärenkünstlern erkennt.

◀ Echter antiker Bär, hergestellt um 1920 von der deutschen Firma Steiff.

▼ Klassischer Bär mit langen gebogenen Armen und spitzer Schnauze, entworfen von Ann Stephens.

Dieses Buch wurde für Sie entwickelt, damit Sie spezielle Techniken nachschlagen können. Für Neulinge im Bären-machen dient es als Wegweiser, der sie Schritt für Schritt durch den gesamten Arbeitsprozess führt: vom Entwurf bis zu den Abschlussarbeiten. Am Ende des Buches finden Sie einen Satz Kombi-Schnittmuster, mit dem Sie alle Techniken ausprobieren können.

Das Wichtigste, das Sie sich merken sollten: Das Anfertigen von Teddys bringt Spaß. Doch wir möchten Sie warnen: Es macht auch süchtig!

Fröhliches Bärenmachen.

Alicia Merrett and Ann Stephens

▲ Ein deutscher Bär von 1903 als Miniatur-Nachbildung von Iris und Ches Chesney.

◀ Moderner Bär von Diana Oldacre: fertig gekleidet fürs Zubettgehen, mit kleinem Teddy aus Baumwollstoff unterm Arm von Alicia Merrett.

▲ Zeitgenössischer Sammlerbär von Diana Oldacre; er sitzt da wie ein alter, viel geliebter Teddy.

▲ Moderner Künstlerbär mit speziellen Gelenken von Sue Tolcher.

Sicherheit

Beim Bärenmachen sind einige Sicherheitsfragen zu beachten. Das sollte Sie aber nicht daran hindern, Bären zu nähen, die Sie verschenken oder verkaufen möchten. Wenn Sie die Hinweise verstehen und beachten, ist es ganz einfach, für die eigene Sicherheit und für die der Empfänger zu sorgen.

Es gibt zwei verschiedene Bärentypen, auf die sich dieses Buch bezieht. Der erste ist der Sammlerbär, der zweite der Spielzeugbär für Kinder, Letzterer muss bestimmten Sicherheitsanforderungen genügen. Sie müssen sich auf jeden Fall darüber Gedanken machen, zu welcher Gruppe Ihr Bär gehört, bevor Sie ihn an jemand anderen weitergeben.

BESTANDTEILE Alle verwendeten Bestandteile sind entweder für die eine oder andere Kategorie Bär bestimmt. In jedem Kapitel wird genau gesagt, was wozu zählt; hier geben wir Ihnen eine Übersicht, in der Sie schnell etwas nachschlagen können. Die Materialien sind danach unterschieden, ob sie kindersicher sind oder nicht.

SAMMLERBÄREN

Diese Bären sind meist auf traditionelle Art und aus traditionellen Materialien gemacht. Als die ersten Teddybären entstanden, gab es noch keine Synthetiktextilien, sondern man nahm Naturfüllungen und -stoffe. Der Nachteil: Sie waren sehr leicht entflammbar. Außerdem enthielten die Bären Metallnägel und Scheiben aus Presspappe; die Augen bestanden aus Glas und waren mit verdrilltem Draht eingesetzt.

Viele Künstler verwenden diese Dinge noch heute, doch seit dem Einzug der Sicherheitsstandards in den frühen Sechzigerjahren dürfen solche Bären nicht mehr als Spielzeugbären für Kinder verkauft werden, wobei jeder unter 14 Jahren als Kind gilt. Das Etikett an solchen Bären muss mit den Hinweisen „Nur für Sammler" und „Nicht als Kinderspielzeug geeignet" versehen sein. Als weitere Information ist eine Auflistung mit sämtlichen Bestandteilen erforderlich, außerdem der Name des Herstellers und seine Adresse; statt der vollen Anschrift reichen Postleitzahl und Ort.

◄ Ein Sammlerbär von Carol-Lynn Rössel Waugh, zusammengehalten von Metallgelenken und mit klassischen Glasaugen versehen.

◀ Ein Mohair-Spielzeugbär von Hilary Clark mit Polyesterfüllung sowie Sicherheits-Plastikaugen und -Gelenken.

SPIELZEUGBÄREN

Es wäre schade, würden alle Bären nur für den Sammlermarkt der Erwachsenen gemacht. Kinder lieben Bären bis heute und man sollte ihnen die Gelegenheit geben, mit solch einem liebenswerten, verlässlichen Gesellen aufzuwachsen.

Es gibt einen deutlichen Unterschied zwischen Spielzeug- und traditionellen Bären. Man kann jedoch auch solche Bären anfertigen, die genau wie Sammlerbären aussehen und dennoch alle erforderlichen Sicherheitsnormen erfüllen.

Das Etikett muss auch hier eindeutig sein und wie bei Sammlerbären alle Bestandteile auflisten. Diese müssen für die Spielzeugbären außerdem hohe Standards erfüllen. Die Hersteller des Materials machen auf Anfrage Angaben zu diesen Punkten. Bärenkünstler sollten von jedem Teddy Stoffproben aufbewahren und sämtliche verwendeten Bestandteile auflisten. Wenn Sie richtig in den Handel mit Kinder-Spielzeugbären einsteigen, ist ohnehin die strenge CE-Zertifizierung erforderlich.

Etiketten, die zunächst natürlich vor allem informieren sollen, können auch dazu dienen, den Bären optisch aufzuwerten. Es gibt verschiedene Möglichkeiten, sie anzubringen, flach oder wie ein Fähnchen abstehend. Bedenken Sie, dass das Etikett beim Verkauf der Bären als kleine Werbefläche dient. Und wenn Sie sie nicht weggeben, bietet es die Möglichkeit, Ihre Bären zu kennzeichnen und ihr Entstehungsdatum festzuhalten.

ZUORDNUNG DES MATERIALS

Generell gilt: Die Bestandteile in der linken Spalte sind für Spielzeugbären geeignet, die in der rechten Spalte sollten eigentlich nur bei Sammlerbären eingesetzt werden. Dennoch kann es Ausnahmen geben. Wenn Sie Spielzeugbären herstellen, sollten Sie von Ihrem Händler immer eine schriftliche Bestätigung über die Eignung der Materialien für diesen Zweck anfordern.

SPIELZEUGBÄREN

- Polyester-Füllwatte
- Granulat (in einer Hülle!)
- Kapok

- Schwarze oder weiße Kunststoff-Sicherheitsgelenke

- Sicherheits-Plastikaugen und -Nasen
- Mohair
- Wollfilz

- Wildleder
- Bärenbrummstimme
- Stickgarn für die Nase

SAMMLERBÄREN

- Holzwolle
- Granulat, lose

- Gelenke mit Splinten
- Schraubgelenke

- Glasaugen

- Brille
- Spieluhrenwerk
- Glöckchen

Werkzeug und Zubehör

Wir haben Ihnen eine Stückliste für eine gut ausgestattete Werkzeugkiste zusammengestellt. Manches davon mögen Sie als Luxus betrachten – bis Sie den Vorteil gerade dieser Werkzeuge bei Ihrer Arbeit entdecken.

Oft sagt man, ein schlechter Handwerker gäbe seinem Werkzeug die Schuld. Wenn Sie für Ihre Aufgabe die richtigen Werkzeuge verwenden, ist die Chance, ein schlechter Handwerker zu sein, schon viel geringer. Wollen Sie Ihre Sache gut machen, lohnt es also, etwas Zeit und Geld in einen umfassenden Satz sinnvoller Hilfsmittel zu investieren. Wenn Sie im Laufe der Jahre viel Geld für Zubehör und die besten Stoffe ausgeben, dann wäre es eine Schande, die Bären durch ungeeignetes Werkzeug zu verderben.

NÄHMATERIAL Als Nähmaterial für das Bärenmachen benötigen Sie nicht nur handelsübliche Utensilien, sondern auch spezielle Nadeln, Garne und Scheren. Verschaffen Sie sich einen Überblick über Ihr Nähkästchen und komplettieren Sie es.

NADELN

1 Feine kurze Web- oder Quiltnadeln zum Anfertigen von Miniaturbären

2 Längere Nähnadeln für Bären in normaler Größe

3 Sticknadeln, deren größeres Öhr sich für dickeres Garn eignet. Auch ideal für plastische Ausformungen

4 Lange dünne Stopfnadeln, um kleinen Bären Nasen aufzusticken

5 Lange dicke Stopfnadeln, um mittelgroßen und großen Bären Nasen aufzusticken

6 Lange Puppennadel zum Sticken der Nase und Anbringen der Augen bei kleinen Bären

7 Gebogene Bärennadel zum Befestigen der Augen

8 Extralange Puppennadel zum Anbringen der Augen bei mittelgroßen und großen Bären

9 Ledernadel mit dreieckiger Spitze für einen einfacheren Einstich

10 Nadelzieher

STECKNADELN

11 Bunte Glaskopf-Stecknadeln, die man auch in langem Fell leicht wieder findet

12 Stecknadeln mit T-Kopf, um Bärenohren zu fixieren

NÄHGARN

13 Baumwoll- oder Polyestergarn für normale Näharbeiten

14 Handquiltgarn, das etwas dicker und fester ist

15 Transparentes Nylongarn zum Nähen von Miniaturbären

16 Stabiles Polyestergarn zum Annähen von Augen und Ohren

STICKGARN

17 Baumwoll-Perlgarn Nr. 5 für kleine und mittelgroße Bären

18 Baumwoll-Perlgarn Nr. 3 (dicker) für größere Bären

19 Baumwoll-Sticktwist für Miniaturbären

20 Effekt-Stickgarne für ungewöhnliche Bären

SPEZIALWERKZEUG

Die für Ihre Teddys benötigten Spezialwerkzeuge sind bei vielen Händlern, die Zubehör fürs Bärenmachen anbieten, erhältlich. Manchmal kann man sie durch ähnliche Dinge aus dem Haushalt ersetzen, doch nicht immer erhält man mit diesen ein ebenso gutes Ergebnis.

❶ Kleine spitze und scharfe Schere zum Zuschneiden des Bärenfells

❷ Skalpell oder Cutter fürs Fell, alternativ zur Schere

❸ Spitzzange mit langen Backen zum Umbiegen der Gelenksplinte und zum Ösenbiegen bei Glasaugen

❹ Splintdreher als andere Möglichkeit, Gelenksplinte zu biegen, in verschiedenen Größen erhältlich

❺ Venenklemme, um eng genähte Teile zu wenden und unzugängliche Ecken zu stopfen

❻ Pressholz zum Verbinden von Sicherheitsgelenken

❼ Außen-Sechskant-Steckschlüssel zum Anziehen von Schraubenmuttern. Zwei pro Gelenk werden benötigt, es gibt sie in verschiedenen Größen für unterschiedliche Muttern

❽ Ratschen-Ringschlüssel, alternativ zum Steckschlüssel, um Schraubenmuttern festzudrehen. Eine (Feststell-) Zange zum Festhalten des anderen Endes ist zusätzlich nötig

❾ Hölzernes Stopfwerkzeug für Polyester- und Kapokfüllungen mit zwei stumpf abgerundeten Enden, damit man nicht aus Versehen durch den Stoff sticht

❿ Stopfwerkzeug aus Metall mit V-förmigem Ende, für Holzwolle

⓫ Ahle zum Löchervorstechen im Fellstoff; die Fäden werden auseinander geschoben und nicht zerschnitten

⓬ Stifte zum Markieren: Bleistift, Kugelschreiber und weißer Korrekturstift für dunkle Stoffe

⓭ Kardierbürste, Hunde- oder Katzenbürste, speziell entwickelt für Mohairstoffe

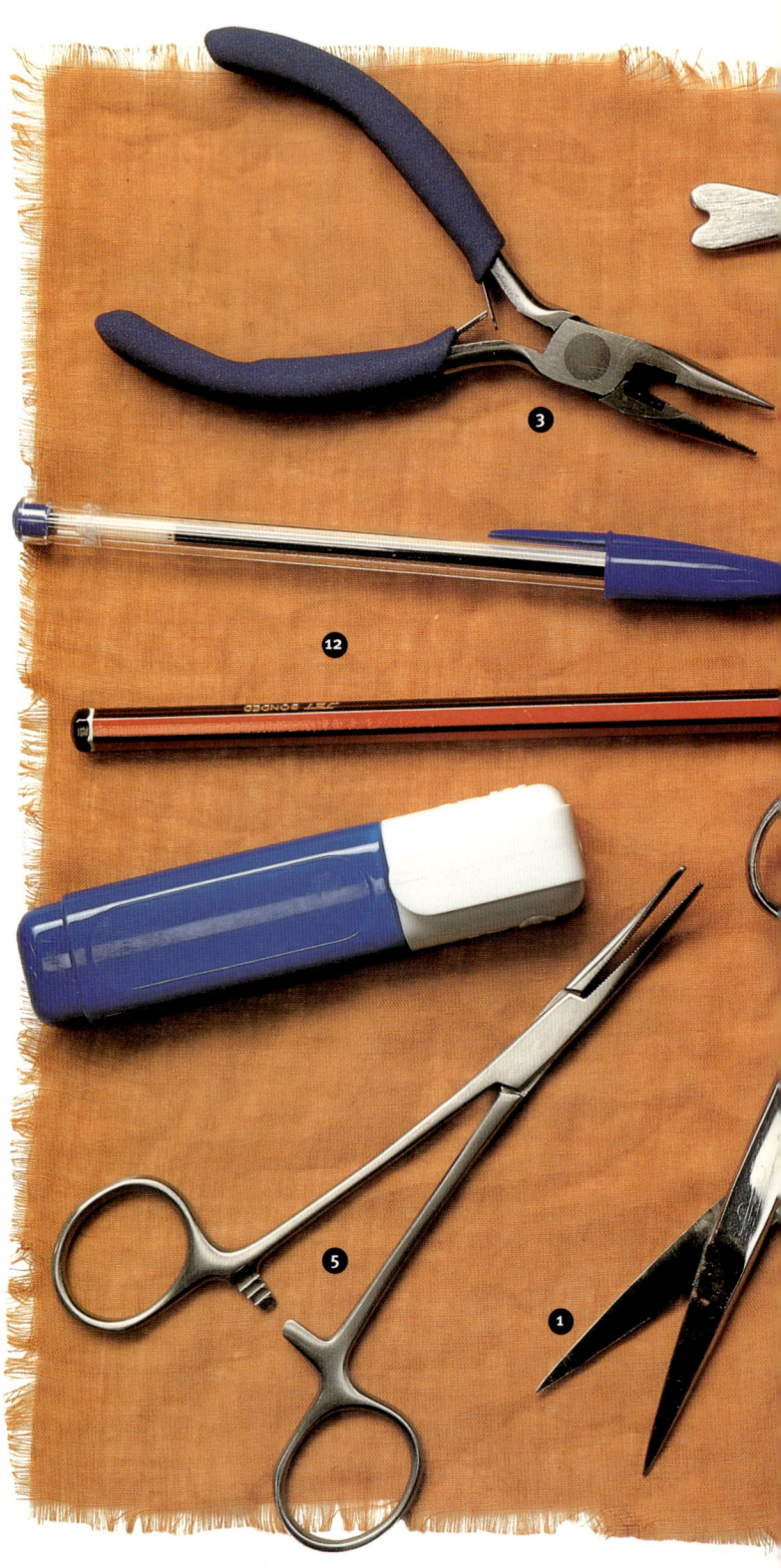

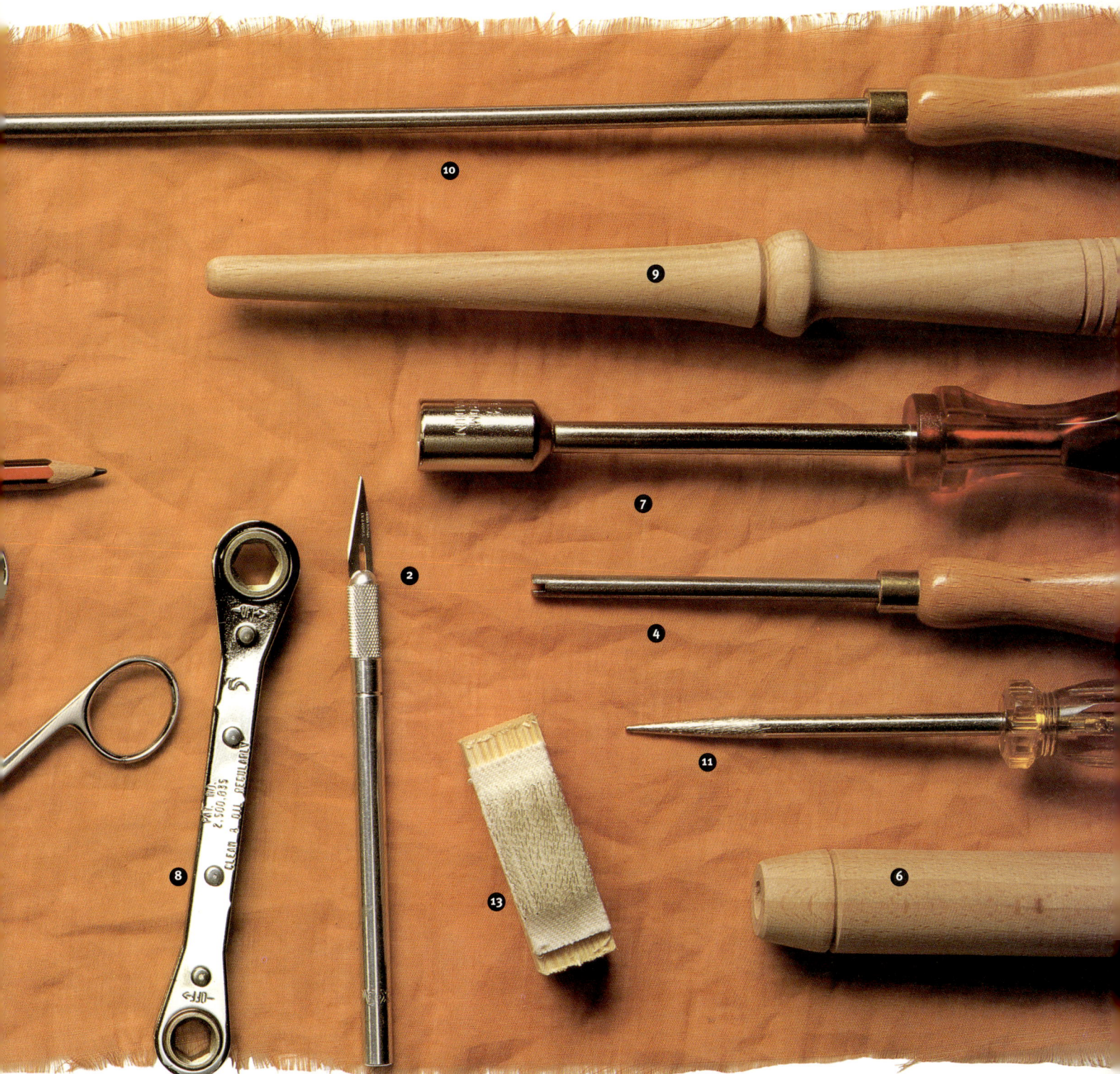

Materialien

Die frühen Bären wurden aus Mohair-Plüschstoffen genäht. Die Auswahl moderner Stoffe ist erfreulicherweise sehr groß und attraktiv, einige imitieren die antiken Stoffe, andere fühlen sich völlig anders an.

Wählen Sie Ihren Stoff sorgsam aus dem breiten Angebot aus. Es gibt Mohair mit kurzen und langen Fasern, mit dichtem oder spärlichem Flor (sparse; Antik-Look), mit glatter, gewellter, zotteliger, gefiederter oder Bouclé-Struktur. Meist stammen sie aus England oder Deutschland, doch auch aus anderen Ländern, zum Beispiel aus Südafrika. Lassen Sie sich Zeit bei der Wahl des Farbtons: hell oder dunkel, traditionell oder modern. Achten Sie nicht nur auf Flor und Farbe, sondern auch auf die Rückseite. Prüfen Sie den Stoff im Gegenlicht; ein guter Mohairstoff sollte dicht gewebt und nicht zu weich sein.

PFOTENSTOFFE Besorgen Sie sich Stoff für die Pfoten aus Natur- oder Synthetikfasern. Schauen Sie auch bei kurzflorigen Stoffen nach, die für Miniaturbären verwendet werden. Manchmal finden Sie darunter einen, der wunderbar zum vielleicht farblich ungewöhnlichen Körperfell passt. Bedenken Sie stets, welch einen Bärentypen Sie anfertigen möchten – klein oder groß, traditionell oder außergewöhnlich –, bevor Sie sich endgültig für die Stoffe, das Stickgarn für die Nase, die Augen, die Art der Gelenke und für die Füllung entscheiden.

PFOTENSTOFF

1 Wildleder, ein natürliches Material für schöne Bären

2 Velours, ein fester synthetischer Stoff; erhältlich in einer großen Farbpalette

3 Wollfilz, ein traditionelles Pfotenmaterial

4 Imitationsleder ist gerade für Anfänger leicht zu verarbeiten, da es kaum rutscht

5 Samt wird immer seltener verwendet, denn er ist schwierig zu nähen und franst leicht aus

STOFFE FÜR MINIATURBÄREN

1 Kurzfloriger Polster- oder Miniaturbärenstoff, erhältlich in vielen Farben; er lässt sich leicht verarbeiten

2 Kaschmir; sehr weich, ideal für weiche Schmusebären

3 Langfloriger Polsterstoff; schön für Miniaturbären mit fülligem Pelz

4 Mohairstoff mit sehr kurzem spärlichem Flor (sparse); für Miniaturbären, die ihren größeren Artgenossen ähneln. Mohair ist etwas schwieriger zu verarbeiten als Polsterstoff

FELLSTOFFE FÜR BÄREN

1 Dichter, extrem kurzfloriger Mohairstoff für kleine Bären

2 Mohairstoff mit kurzem, spärlichem Flor (sparse) für kleine Bären; er wirkt leicht zottelig

3 Mohairstoff mit mittellangem, spärlichem Flor (sparse) im Antik-Look; für viele Typen ideal

4 Mohairstoff mit dichtem, mittellangem Flor; beliebt für traditionelle mittelgroße Bären

5 Mohairstoff mit spärlichem, federigem Flor (sparse), wie er für alte Bären beliebt war; auch schön für moderne Bären

6 Dichter Mohairstoff mit langem, zotteligem Flor; für Bären mit üppigem Pelz

7 Extra langfloriges, lockiges Mohairfell; für große Bären

8 Alpaka, eine dichte, edle Wolle; für Qualitätsbären

9 Ein boucléartiger Mohairstoff; für ungewöhnliche Bären

10 Blau gefärbter Mohairstoff, mit spärlichem, federigem Flor (sparse); für „exotische" Bären

11 Stoff aus Viskose; für zeitgenössische originelle Bären

12 Baumwollstoff; für Schmuse-bären

13 Polyacrylstoff; für Kinder-Spielzeugbären

FÜLLMATERIAL

1 Polyester-Füllwatte; dicht und schwer. Sie ist sauber, sicher und die Basis für gut gefüllte, schwere Bären. Beliebteste Füllung für traditionelle und moderne Bären

2 Elastische Polyester-Füllwatte (Springwatte); ebenfalls sauber und sicher. Ideal für leichte Kinder-Schmusebären

3 Holzwolle; am gebräuchlichsten für traditionelle Bären im Antik-Look. Aber auch sinnvoll, um Schnauzen auszustopfen, damit sich die Nadel einfacher einführen lässt, wenn man die Nase stickt und Glasaugen einsetzt

4 Kapok, ein Naturmaterial; bei antiken Bären weit verbreitet, heute weniger beliebt – die leichten Fasern fliegen herum, können Allergien auslösen

5 Kunststoff-Granulat; heutzutage sehr populär. Meist füllt man es nur in den Körper, wenn er leicht zusammengesackt wirken soll. Oft zusammen mit anderen weichen Füllmaterialien verwendet. Nicht für Kinder geeignet, es sei denn man füllt das Granulat zuerst in eine separate, sicher verschlossene Hülle

6 Edelstahlgranulat; sehr schwer. Manchmal als Füllung für Miniaturbären verwendet. Bitte kein Schrot aus Blei nehmen. Es ist giftig

7 Biegestäbe für voll bewegliche Gliedmaßen; aus kunststoffummanteltem Draht in einer Schaumstoffhülle. Sie werden in Arme und Beine geschoben, mit den Gelenken verbunden und mit Polyester-Füllwatte rundum gepolstert. Nicht geeignet für Kinder-Spielzeugbären

AUGEN

1 Glasaugen mit Draht gibt es in vielen Größen und Farben. Bei den preiswertesten müssen der Draht noch durchtrennt und die Enden mit einer Zange zu Ösen gebogen werden

Glasaugen mit fertigen Ösen sind natürlich einfacher zu nutzen. Hiervon gibt es verschiedene Typen:

2 Schwarze Glasaugen mit glänzender Oberfläche sind am beliebtesten; diese hier haben Ösen aus einfachem Draht

3 Mattschwarze Augen; sie sollen den antiken „Schuh-knopf-Augen" ähneln

4 Farbige Glasaugen mit Doppelösen; in vielen Farben erhältlich

5 „Bussard-Augen" mit handbemaltem, eingeschmolzenem Muster, das an die Iris von Tieraugen erinnert; viel teurer, aber realistischer wirkend

6 „Schuhknopf-Augen", eine moderne Nachbildung der Augen von antiken Bären

7 Sicherheitsaugen aus Kunststoff für Spielzeugbären; es gibt sie in Schwarz oder farbig; Metall- oder Kunststoffklemmscheiben gehören dazu

8 Augen aus Onyxperlen für Miniaturbären; diese Halbedelsteine geben perfekte runde Bärenaugen ab

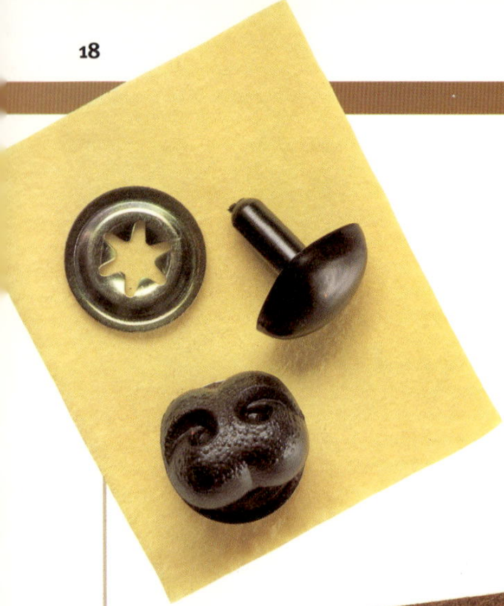

NASEN

Sicherheits-Plastiknasen verwendet man gerne bei Kinder-Spielzeugbären. Sie sind aber nicht unbedingt nötig, denn aufgestickte Nasen sind genauso sicher, sofern sie gut befestigt sind.

◄ GELENKE

1 Gelenke mit Schrauben und Muttern, auch mit Flügelschrauben; in vielen Größen erhältlich, sehr stabil, für Bären in allen Größen

2 Splintgelenke; ebenfalls in vielen Größen erhältlich, sogar schon kleiner als 1 cm

3 Kunststoff-Sicherheitsgelenke; in vielen Größen erhältlich, für alle, nicht nur für Kinder-Spielzeugbären geeignet

4 Doppelsplintgelenk. Es besteht aus zwei normalen Splintgelenken, die Splinte sind an den Ösen miteinander verbunden. Sinnvoll, wenn der Kopf – bei einem sehr müden Bären – herabsinken soll

5 Ein spezielles Wackelkopfgelenk, eine Neuheit auf dem Markt. Damit können Bärenköpfe in verschiedene reizvolle Positionen gebracht und darin gehalten werden

▲ SONSTIGES ZUBEHÖR

1 Bären-Brummstimme; in verschiedenen Größen erhältlich

2 Spieluhrenwerk, wird mit verschiedenen bekannten Melodien angeboten; hier mit Schlüssel zum Aufziehen

3 Musikelement, das zum Beispiel ins Ohr oder in eine Pfote gesetzt und durch Drücken aktiviert wird

4 Brille; man kann sie in verschiedensten Stilen kaufen

Stiche

Für das Bärenmachen brauchen Sie nur sehr geringe Nähkenntnisse. Hier zeigen wir die wichtigsten dafür nötigen Stiche, tatsächlich sind es nur wenige. Den Matratzenstich sollten Sie auf jeden Fall lernen, er ist Schritt für Schritt auf Seite 59 dargestellt.

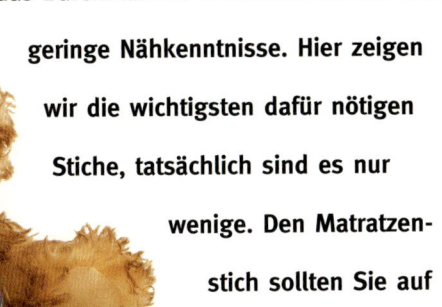

Oft wird gefragt, ob die Hauptnähte des Bären von Hand oder mit der Maschine genäht werden sollten. Die Antwort: Beides ist möglich. Die Vorteile beim Maschinennähen: Es geht schneller, und die Stiche sind fester und gleichmäßiger. Dennoch zieht man bei kleinen Bären meistens das Handnähen vor, besonders an kniffligen Stellen wie am Kopfmittelteil und an den Hinterpfoten. Nähen Sie von Hand, sollte das unbedingt mit dem Steppstich (Rückstich) geschehen, denn die Naht muss gleichmäßig und sehr fest sein, damit sie beim Stopfen des Bären mit Füllmaterial gut hält.

KLEIDUNG NÄHEN Nähen Sie die Bärenkleidung selbst, gilt dasselbe: Sie können, wenn Sie es bevorzugen, von Hand nähen. Doch das Maschinennähen bietet eine einfache Möglichkeit, gleichmäßige, feste und recht sichere Nähte anzufertigen.

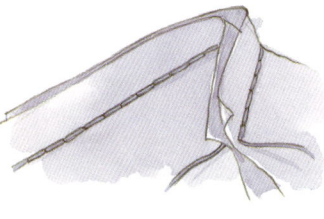

MASCHINENNAHT
Nähen Sie den Bären mit dem Geradstich (Steppstich) Ihrer Maschine mit einer mittellangen Stichlänge und mittlerer Fadenspannung.

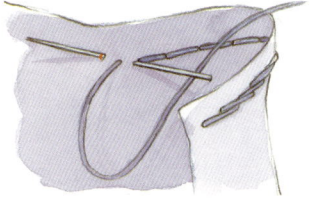

STEPPSTICH
Wenn Sie von Hand nähen, setzen Sie kleine Steppstiche (manchmal auch Rückstiche genannt) dicht aneinander.

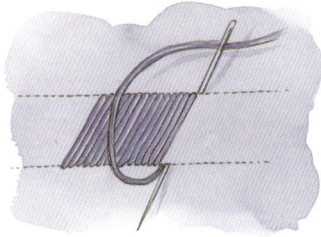

PLATTSTICH
Zum Aufsticken der Nase setzen Sie lange gerade Stiche flach nebeneinander. Man nennt sie Platt- oder auch Satinstiche.

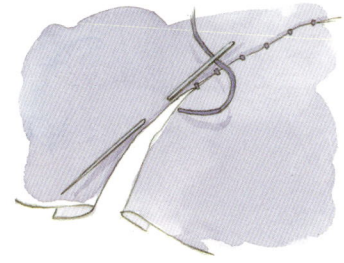

MATRATZENSTICH
Dieser wichtige Stich wird stets dann benötigt, wenn Öffnungen unsichtbar zu schließen oder Bärenohren anzunähen sind. Für möglichst wenig sichtbare Nähte ist er ideal. Man nennt ihn auch Leiterstich.

Ein Bär wird geboren

Die wichtigsten Grundschritte, um einen perfekten Bären zum Leben zu erwecken, vom Entwurf über das Anfertigen von Schnittmustern bis zum Nähen.

Teddys entwerfen

Die meisten Bärenmacher beginnen mit vorhandenen Schnittmustern. Doch irgendwann möchte man seinen eigenen Teddy entwerfen. Fangen Sie damit an, Formen und Proportionen an alten und neuen Teddybären zu studieren. Zusätzlich ist es sehr hilfreich, echte Bären zu beobachten, entweder im Zoo oder anhand von Fotos in Büchern oder Zeitschriften.

Das Entwerfen eines Teddybären ist keine schwierige Aufgabe. Das Wichtigste ist nicht, wie man zeichnet, sondern dass man in der Lage ist, „richtig" zu sehen und sich das gewünschte Ergebnis vorzustellen. Sie brauchen ein Gespür für die Umrisse und die Proportionen eines Bären und sollten den Unterschied zwischen dem realen Wesen und einem Spielzeug bedenken. Ist das einmal geschafft, fällt das Zeichnen des Entwurfs nicht schwer.

Trotzdem sollten Sie als Anfänger nicht erwarten, dass Ihr erster Bär exakt so wird, wie Sie ihn sich vorgestellt haben. Man kann eine ganze Reihe von Techniken lernen und Formen verbessern. Selbst erfahrene Profi-Designer arbeiten an verschiedenen Versionen eines Entwurfs, bis sie mit ihrem Produkt zufrieden sind.

Das Entwerfen eines Teddys bewegt sich irgendwo zwischen dem Gestalten einer Puppe und eines Stofftieres. Man zeichnet seinen Umriss in der Seitenansicht (Profil), so wie meist bei Stofftieren, skizziert ihn aber auch aufrecht stehend mit Armen und Beinen an Gelenken, sodass seine Form eher an eine Puppe erinnert.

Bedenken Sie unbedingt, dass ein Schnittmuster nur eine zweidimensionale Darstellung ist, der gestopfte Bär hingegen ein plastisches Objekt. Papierschnitte müssen also Zugaben enthalten, damit die Formen rund werden. Geben Sie zuerst einmal ca. 2,5 cm rund um die Schnittmuster zu. Keile dienen dazu, dem Stoff Extraweite zu geben, beispielsweise für das Kopfmittelteil. Andere spezielle Rundungen lassen sich auch mit Abnähern formen.

BÄREN BEOBACHTEN UND UMRISSE ZEICHNEN

Bevor Sie einen Bär nähen, sollten Sie sich mit den Formen echter Bären vertraut machen und Ähnlichkeiten und Unterschiede zu gestopften Teddys bestimmen. Um das zu erreichen, zeichnen Sie einfach verschiedene Bärenumrisse – eine nützliche Übung, um „richtig" sehen zu lernen.

DAS BRAUCHEN SIE

Für Umrisszeichnungen

Fotos von echten Bären
Fotos von traditionellen Teddybären
Transparentes Pauspapier
Filzstift, Kuli oder Bleistift
Nach Möglichkeit Zugang zu einem Fotokopierer

---

1 Studieren Sie sorgfältig die Proportionen eines echten Bären: seinen massiven Körper und dicken Hals, die lange Schnauze, die kleinen Augen und Ohren, die kräftigen Hinterbacken, die langen Arme und Beine. Beobachten Sie, wie ein Bär sitzt und steht, wie sich seine Statur beim Gehen verändert, wie beweglich die Ohren sind und wie sie sich je nach Grad der Aufmerksamkeit ausrichten. Beachten Sie den flachen Kopf und wie die Kopfgröße im Verhältnis zum Körper von der des Menschen abweicht. Einige Bären haben am Nacken einen dicken Buckel.

2 Legen Sie Pauspapier auf verschiedene Fotos von echten Bären; zeichnen Sie die Umrisse nach, um ein Gefühl für ihre Formen zu bekommen.

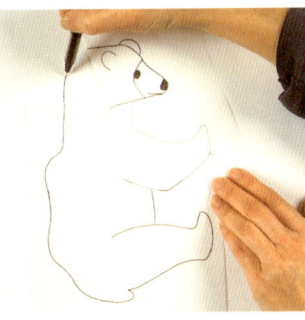

3 Sind die Fotos zu klein, vergrößern Sie sie mit einem Fotokopierer. Eine Schwarzweißkopie reicht, denn Sie sind ja in erster Linie an den Umrissen und nicht an feinen Details interessiert. Zeichnen Sie nun die Umrisse auf Pauspapier nach.

4 Steht der Bär auf allen vieren, drehen Sie ihn so weit, bis es aussieht, als ob er säße. Falls der Kopf dafür nicht in der richtigen Position ist, schneiden Sie ihn grob aus und schieben ihn so zurecht, dass er geradeaus blickt. Schließen Sie mit dem Stift die Umrisslinie am Nacken.

5 Prüfen Sie nun die Proportionen eines traditionellen Teddys: Sein Körper ist groß, aber weniger massig. Der Hals ist schlanker, mit Hilfe des Gelenks dreht er den Kopf in veschiedene Richtungen. Dieser ist in Relation zum Körper beim Teddy größer als beim echten Bären (von Bärenjungen abgesehen), wie auch die Ohren. Die Arme und Beine sind zwar ebenfalls lang, jedoch gleichmäßiger dick, ähnlich wie beim Menschen. Füße und Tatzen fallen innerhalb der Körperproportionen größer aus.

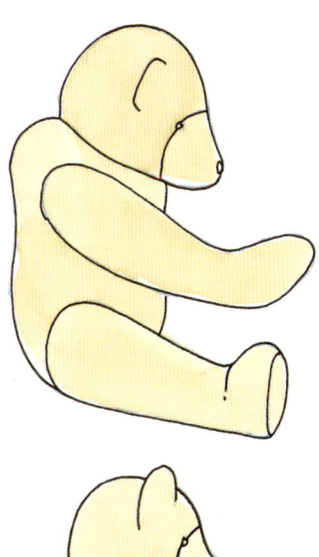

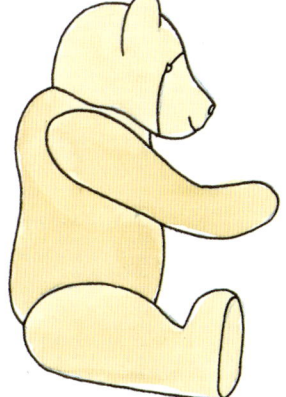

6 Zeichnen Sie auch die drei nebenstehenden Teddys ab. Beachten Sie dabei die Unterschiede zwischen diesen und echten Bären.

RUMPF UND GLIEDMASSEN
Für unser Grundmuster nehmen wir einen Teddy mit Durchschnittsproportionen: Der Rumpf entspricht der halben Körperlänge, der Kopf der halben Rumpflänge, Arme und Beine sind entweder genauso lang oder etwas kürzer als der Rumpf. Wenn Sie den Entwurf eines „Durchschnittsbären" beherrschen, können Sie die Proportionen variieren.

DAS BRAUCHEN SIE
Für den Schnittentwurf
Papier
Bleistift
Lineal

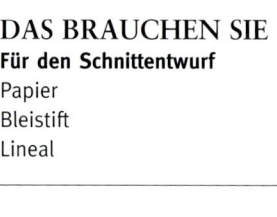

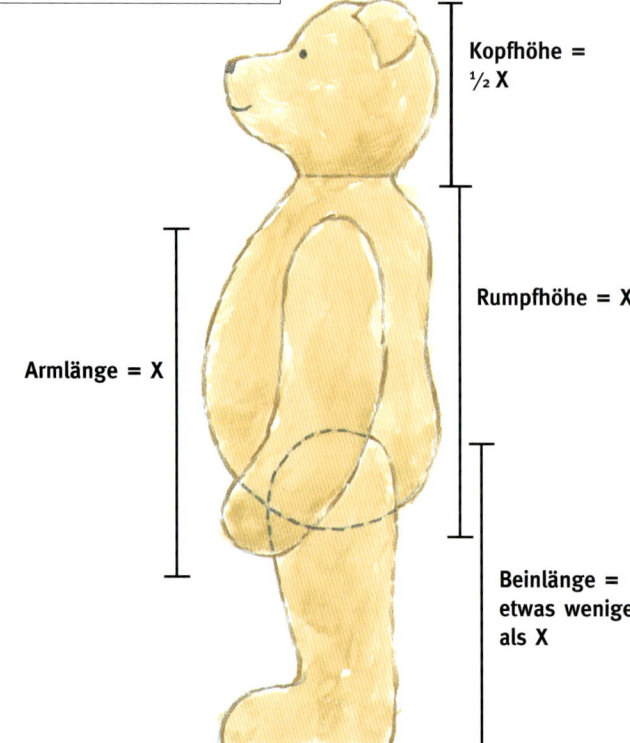

Kopfhöhe =
½ X

Rumpfhöhe = X

Armlänge = X

Beinlänge =
etwas weniger
als X

1 Beginnen Sie mit dem Entwurf des Rumpfes, denn seine Größe ist am einfachsten zu berechnen: Er ist halb so lang wie der gesamte Körper. Davon ausgehend ermitteln Sie die Maße von Armen, Beinen und Kopf. Da sie mit Überschneidungen am Rumpf angebracht sind, wirken die Arme länger als der Rumpf, die Beine hingegen kürzer. Um ein richtiges Schnittmuster zu erstellen, geben Sie rundherum 2,5 cm als Nahtzugaben zu, damit der Bär auch wirklich rundlich wird. Am besten addieren Sie diese Maße jetzt hinzu, bevor Sie das Schnittmuster anfertigen.

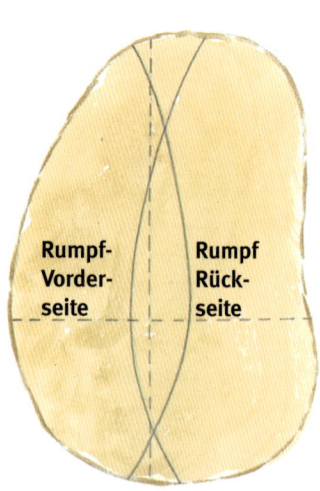

Seitlicher Rumpf

Bauch   Rücken

Abnäher

Seitlicher Rumpf

Bauch   Rücken

Abnäher

Rumpf-Vorderseite

Rumpf Rückseite

2 Der Schnitt für den Rumpf ist im Seitenprofil gezeichnet. Die Formen von Bauch und Unterseite entsprechen einander. Der Brustbereich ist flacher gehalten. Man kann einen Buckel vorsehen, damit der Bär realistischer wirkt. Die Breite des Rumpfes beträgt etwa zwei Drittel der Rumpfhöhe. Die Nähte sitzen auf der Mittellinie von Bauch und Rücken.

3 Um die Schultern anzudeuten und den Bauch zu vergrößern, kann der Rumpf weiter ausgeformt werden. Durchschneiden Sie dazu den Rumpfentwurf senkrecht in zwei Hälften, ziehen Sie sie etwas auseinander und zeichnen Sie dann oben und unten einen Abnäher ein.

4 Der Rumpf kann auch aus vier anstatt aus zwei Teilen genäht werden, mit zwei Extranähten an den Seiten. Dazu schneiden Sie den Rumpfentwurf ebenfalls senkrecht in zwei Hälften, ziehen die Teile auseinander und ersetzen die geraden Schnittlinien durch zwei gebogene, spiegelverkehrte Linien.

5 | Die Arme haben dieselbe Länge wie der Rumpf und sind ungefähr ein Drittel so breit. Die Pfote sollte leicht geschwungen sein.

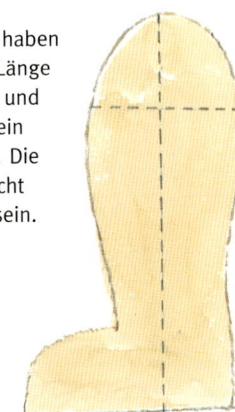

7 | Die Beine sind meistens etwas kürzer als der Rumpf, die Beinbreite beträgt ungefähr ein Drittel der Rumpfbreite. Die Füße sind eher länger und dicker als bei echten Bären, damit der Teddy eine gute Standfläche hat.

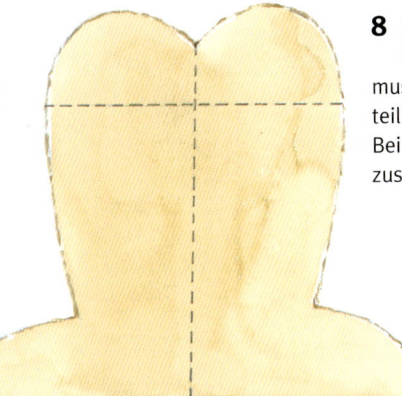

8 | Auch für die Beine gibt es verschiedene Schnittmuster. Beliebt ist das einteilige, hinten verbundene Beinteil, das auf die Hälfte zusammengefaltet wird.

A

6 | Oft werden alternative Armformen (A und B) verwendet, bei denen äußeres und inneres Armteil entweder an der hinteren oder an der vorderen Armnaht zusammenhängen. Das innere Armteil hat eine separate Pfotenfläche aus glatterem Stoff ohne Flor. Das Schnittmuster dafür fertigen Sie an, indem Sie vom Armteil, das später nach innen zum Körper zeigt, das untere Stück abschneiden. Versehen Sie beide Schnittkanten noch mit Nahtzugaben, damit dieses Armteil nach dem Zusammennähen wieder die erforderliche Länge hat.

9 | Moderne Teddybären werden manchmal mit angewinkelten Beinen angefertigt. Das lässt sich erreichen, indem man entweder einen Schnitt für angewinkelte Beine entwirft, oder extra lange gerade Beine näht und sie innen mit speziellen Biegestäben versieht.

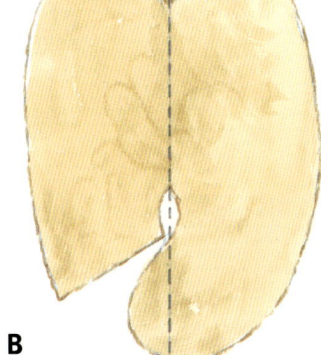

B

3/4 der Fußlänge

10 | Für die Fußsohle zeichnen Sie eine Linie von etwa 3/4 der Fußlänge. Ergänzen Sie eine zweite Linie im rechten Winkel dazu von 2/3 Länge der ersten Linie. Ein Oval um die Hilfslinien herum ergibt die fertige Sohlenform.

DER KOPF MIT DEM KOPFMITTELTEIL

Dem Kopf als wichtigstem Teil des Bären sollten Sie beim Entwerfen viel Aufmerksamkeit schenken. Arbeitet man mit dem Profil des Bärenkopfes, erhält man nur die Vorlage für die Seitenteile. Deshalb muss ein Kopfmittelteil entworfen werden, das genau zwischen diese Seitenteile passt und dem Kopf sein Volumen und seine charakteristische Form gibt.

DAS BRAUCHEN SIE
Für den Entwurf der Kopfes
Papier
Filzstift, Kuli oder Bleistift
Bindfaden
Schere

1 Die Hauptmaße des Kopfes sind: die Kopfhöhe (A) vom Scheitelpunkt bis zum Hals, sie beträgt etwa die Hälfte der Rumpflänge oder ein Viertel des gesamten Körpers; die Kopfbreite (B) von der Nasenspitze bis zum Hinterkopf, die etwa um ein Viertel mehr beträgt als die Kopfhöhe (A). Jedes Kopfmittelteil wird genau passend für den jeweiligen Kopf entworfen. Es verläuft von der Nasenspitze über Stirn und Hinterkopf bis zum Nacken. Im Bereich der Nase ist es recht gerade und schmal. Auf Augenhöhe nimmt es rasch zu, um am Scheitel seine größte Breite zu erreichen. Dann verjüngt es sich allmählich bis zur Halspartie. Das Maß der breitesten Stelle beträgt etwa 2/3 der Kopfhöhe (A).

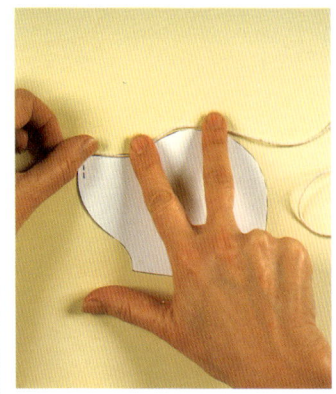

2 Um das Mittelteil für einen bestimmten Kopf zu entwerfen, messen Sie mit einem Faden den Umriss des seitlichen Kopfteils von der Nasenspitze über Scheitel und Hinterkopf bis zum Hals (C).

4 Legen Sie den gefalteten Streifen senkrecht vor sich hin. Übertragen Sie das halbe Maß der gewünschten Nasenbreite auf die Schmalkante des Streifens, von der Faltkante aus gemessen. Legen Sie darauf das Seitenteil: die Nasenspitze liegt genau an der Faltecke. Markieren Sie die Nasenbreite auf dem Seitenteil.

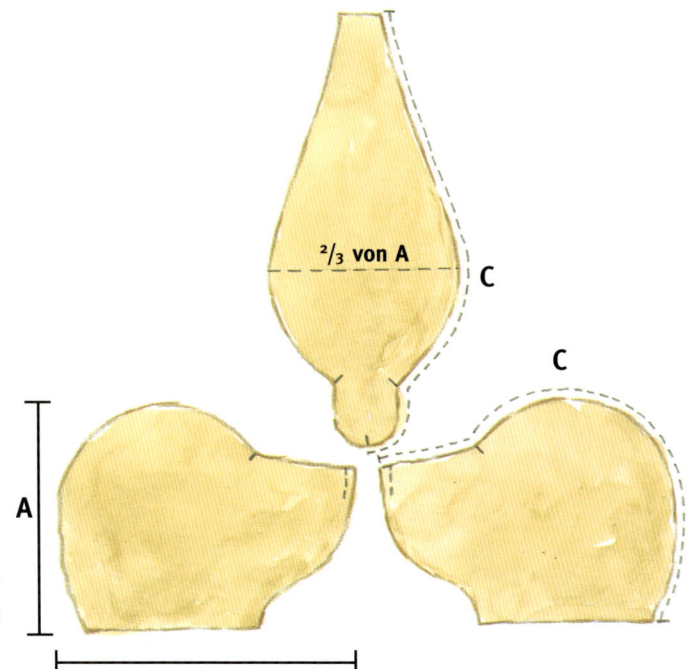

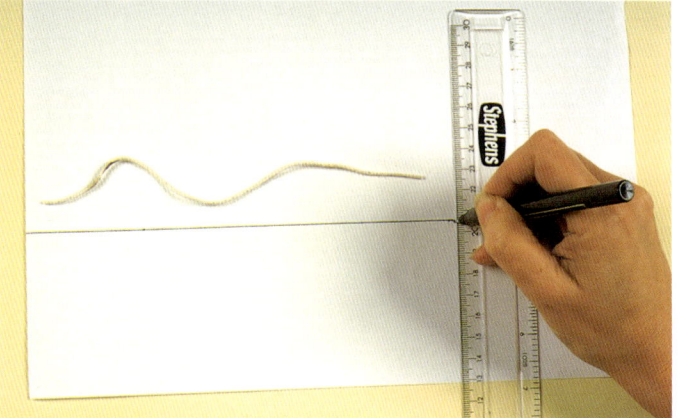

3 Zeichnen Sie dann ein Rechteck mit der gerade ermittelten Länge (C) und der Breite des gewünschten Mittelteils, meist 2/3 der Kopfhöhe (A), auf ein Blatt Papier. Falten Sie das Rechteck längs auf die Hälfte zusammen. Die Faltkante entspricht der Scheitellinie des Kopfes.

²/₃ von A   C

C

A

B

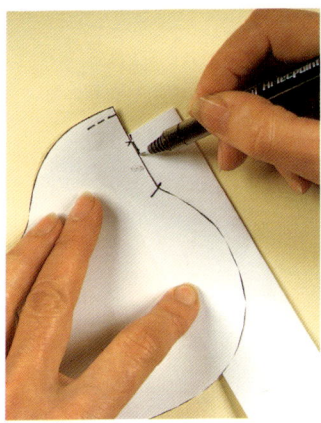

5 Zeichnen Sie auf dem Streifen etwa 1 cm unterhalb der Nasenbreitenmarkierung einen Punkt ein. Legen Sie das Seitenteil mit seinem Markierungspunkt genau dort an. Halten Sie es fest, während Sie von hier aus eine Linie bis zum Augenwinkel ziehen.

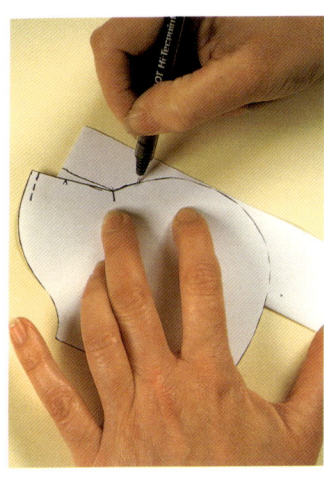

6 Drehen Sie das Teil ein wenig – gerade so, dass der Scheitelpunkt an die langen Papierschnittkanten anstößt. Zeichnen Sie den Umriss bis hierher nach.

7 Drehen Sie das Seitenteil weiter und zeichnen Sie mit dem Stift den Umriss nach. Sobald Sie die Streifenkante verlassen, genügen einige Punkte. Der letzte sollte fast am Ende des Papierstreifens liegen und noch etwas von der langen Faltkante entfernt sein.

8 Verbinden Sie die Punkte durch eine sanft geschwungene Linie, denn das Kopfmittelteil soll sich verjüngen. Vom letzten Punkt aus zeichnen Sie eine kurze Linie ein, die senkrecht zur Faltkante verläuft.

9 Am anderen Ende des Mittelteils runden Sie sorgfältig die Nasenspitze ab.

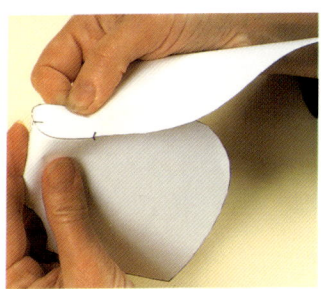

10 Schneiden Sie das Kopfmittelteil aus und klappen Sie es auf. Prüfen Sie die Nasenlänge: Legen Sie das Teil mit dem Nasenmittelpunkt (Faltung) genau an die gestrichelte Nahtlinie des Seitenteils: Die „Augenpunkte" treffen sich.

11 Prüfen Sie dann die Länge von den „Augenpunkten" bis zum Nacken. Eine kleine Korrektur mag nötig sein, doch geben Sie zur Länge des Kopfmittelteils lieber noch etwas zu, damit der Kopf schön rund wird.

12 Die Ohren haben im Prinzip eine D-Form. Man kann sie größer oder kleiner entwerfen, mehr oder weniger gerundet. Es gibt keine „richtige" Größe für Ohren; ihre Form hängt vom gewünschten Ausdruck Ihres Bären ab.

Schnittmuster

Schnittmuster sind die Grundlage fürs Bärenmachen. Sie sollten mit ihnen umgehen wissen, ganz gleich, ob Sie mit einem der vielen gekauften arbeiten oder eigene entwerfen. Sie bestehen aus Papier und sind mit verschiedenen äußerst hilfreichen Markierungen versehen.

Schnittmuster bilden alle „Bausteine" eines Teddybärenkörpers ab: Kopfmittel- und -seitenteile, Ohren, Rumpf, Arme und Tatzen, Beine und Fußsohlen. Schneiden Sie Original-Schnittmuster niemals auseinander, sondern pausen Sie sie durch oder fotokopieren Sie sie, um die Originale in einem Ordner für später aufzuheben.

GRÖSSE DER MUSTER Gekaufte Muster werden meistens in der Originalgröße abgedruckt. In Büchern hingegen sind manche Muster verkleinert wiedergegeben, damit sie auf die Seiten passen. Wurden sie verkleinert, vergrößern Sie sie entweder mit Hilfe eines Fotokopierers oder mit der Rastertechnik (siehe rechts), damit Sie die Originalmaße für Ihren Bären bekommen.

Befinden sich die Muster in voller Größe auf dem Papier, sollte man sie auf Pappe kleben, um sie zu verstärken und vor allzu großer Abnutzung zu schützen. Haben Sie die Schnittmuster durchgepaust, stellen Sie sicher, dass alle Markierungen und Instruktionen vom Original mit übertragen worden sind.

☞
**Augen positionieren,
Seite 66-71
Position der Gelenke
markieren, Seite 52-53**

SCHNITTMUSTER ÜBERTRAGEN UND VERSTEHEN

Nicht alle gezeigten Arbeitsschritte sind für jedes Schnittmuster sinnvoll. Wählen Sie aus, was für Ihr Modell gerade erforderlich ist. Für welche Methode Sie sich auch entscheiden: Das Ziel ist es, einen kompletten Satz aller Schnittteile zu erhalten, die fürs Zuschneiden des gewählten Stoffes gebraucht werden.

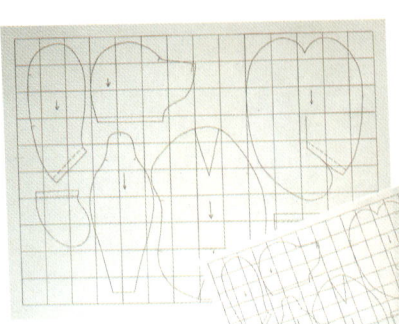

1 Am einfachsten lassen sich Schnittmuster am Fotokopiergerät proportionsgerecht verändern. Auf welches Maß Sie sie vergrößern müssen, wenn Sie den Originalmaßstab erhalten wollen, ist jeweils vermerkt. Entweder ist ein Prozentwert angegeben (z. B. „auf 200 % vergrößern") oder ein Papiermaß (z. B. „von DIN A4 auf DIN A3 vergrößern").

2 Bei der Rastermethode zeichnen Sie über die Vorlage ein Gitter aus zum Beispiel 2 x 2 cm großen Quadraten. Für die doppelte Bärengröße zeichnen Sie das gleiche Gitter mit doppelter Kästchengröße (4 x 4 cm) auf ein neues Blatt. Beim Übertragen der Formen ins große Raster orientieren Sie sich an den Schnittpunkten.

DAS BRAUCHEN SIE
Zum Übertragen der Muster
Schnittmustersatz
Papier
Karton
Bleistift
Pauspapier
Schere
Lineal

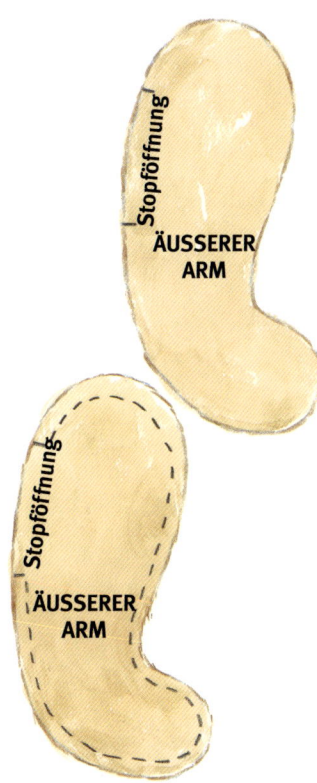

3 | Meistens ist jede Form mit dem Namen des Schnittteils versehen. Die durchgezogene Linie außen ist die Schneidelinie und sollte immer übertragen werden, denn entlang dieser Linie schneiden Sie den Stoff zu. Die Nahtlinie befindet sich ca. 0,5 cm davon entfernt und ist gestrichelt angedeutet. Aber nicht alle Muster zeigen die Nahtlinien; in diesem Fall ist die Nahtzugabe meist eingerechnet. Besonders wichtig sind die Hinweise, die uns sagen, wo man zunächst nicht nähen darf, damit Öffnungen zum Wenden und Stopfen des Bären bleiben. Vergessen Sie nicht, diese Stellen in Ihre Schnittteile zu übertragen.

4 | In gekauften Schnittmustern zeigen Punkte und Kreuzchen, wo Augen und Gelenke sitzen sollen. Man kann sie als Anhaltspunkte sehen, doch nicht immer passen sie, was auch davon abhängt, wie die Näharbeit vom jeweiligen Bärenmacher ausgeführt wird. Kleine Veränderungen sind also erlaubt. Zudem hängen diese Punkte von der Art der gewählten Gelenke ab. Oder auch davon, an welchen Stellen die Augen beim fertigen Bären am besten wirken. Wenn Sie eigene Bären entwerfen, müssen Sie diese Stellen selbst festlegen. Wie man die Augen- und Gelenkpositionen bestimmt, ist in dem betreffenden Kapitel erklärt.

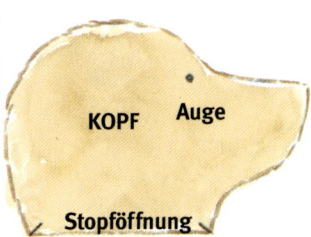

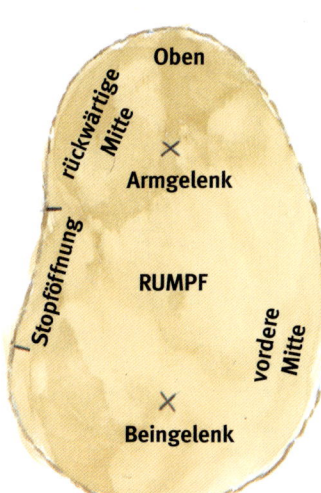

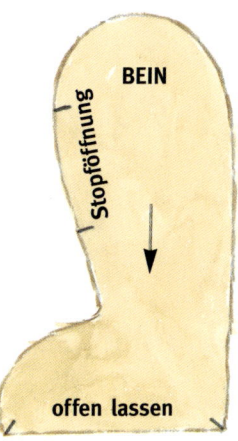

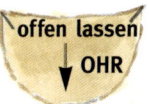

5 | Ein anderer wichtiger Hinweis auf dem Schnittteil ist der Pfeil, der die Strichrichtung des Fells anzeigt. Er basiert auf der Wuchsrichtung des Fells eines echten Bären: am Rumpf nach unten oder zur Seite, an Armen und Beinen nach unten, am Kopf von der Nase aus nach außen und an den Ohren nach oben. Die Pfeile an den Schnittteilen zeigen, wie die Teile auf den Fellstoff gelegt werden müssen, damit sie in dieselbe Richtung zeigen. Die Richtung, in die das Fell Ihres Stoffes „wächst", in die man also leicht streichen kann, nennt man Strich- oder Florrichtung.

6 | Beim Verarbeiten normaler Stoffe schneidet man oft zwei Teile gleichzeitig zu. Bei Fellstoff geht das nicht, alles muss einzeln geschnitten werden. Achten Sie also unbedingt darauf, dass alle Teile passend vorliegen, die später rechts auf rechts zusammengenäht werden müssen, einige davon müssen auch spiegelverkehrt genäht werden. Außerdem gibt es sowohl rechte als auch linke Arme und Beine. Die Gesamtzahl der Schnittteile ist oft angegeben und auch, welche davon spiegelverkehrt gebraucht werden.

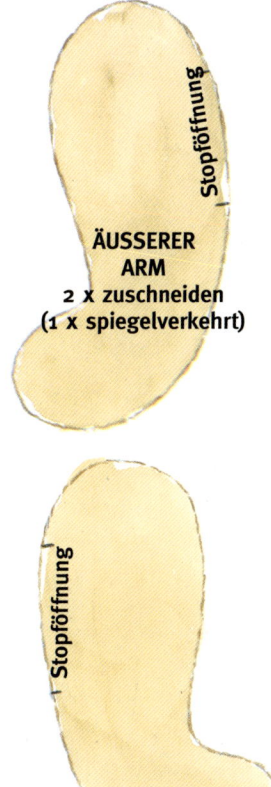

Schnittauflage, Markieren und Zuschneiden

Ausgerüstet mit einem Bärenschnittmuster wählen Sie den Stoff aus und legen alle Schnittmusterteile auf die Rückseite, einige wenn erforderlich spiegelverkehrt. Mit einem Stift zeichnen Sie alles deutlich nach, bevor Sie die Teile zuschneiden.

Für Sammlerbären ist Mohairstoff äußerst beliebt, ein Gewebe aus reiner Wolle mit Flor und Strich. Der Flor kann kurz, lang, dicht, spärlich (sparse), gerade, gewellt oder zottelig aussehen (so aufgeraut, dass die Fasern in verschiedene Richtungen zeigen).

Stellen Sie zuerst die Florrichtung Ihres Fellgewebes fest. Bei zotteligem Flor schauen Sie am besten die Schnittkanten an. Prüfen Sie, wo der Flor von ihnen weg nach innen zeigt und wo er über die Kanten übersteht.

AUFLAGE Die Schnittteile legt man auf die Rückseite des Fellstoffes auf, falls erforderlich einige spiegelverkehrt. Damit Sie nichts vergessen, ist es am einfachsten, zunächst alle Schnittmusterteile in der benötigten Anzahl anzufertigen, so beispielsweise zwei Kopfseitenteile (eines davon spiegelverkehrt) etc. Weil Mohair recht teuer ist, legen Sie am besten zuerst alle Teile auf, bevor Sie irgendetwas schneiden. Arrangieren Sie sie ineinander verzahnt wie ein Puzzle, um den Stoff auszunutzen und um zu prüfen, ob er für Ihren Bären ausreicht. Doch lassen Sie sich nicht vor lauter Sparsamkeit

☞

**Bärenstoffe, Seite 14-15
Werkzeug und Zubehör,
Seite 10-13**

dazu verleiten, einige Teile aus Versehen zum Beispiel aus einer waagerechten in eine senkrechte Lage zu bringen, denn das führt zur falschen Florrichtung.

Vorderpfoten und Fußsohlen eines Teddys sind oft aus anderem Fell oder Wildleder gemacht, aus der Rückseite von Mohairfell oder aus Stoff mit ausgerupftem Flor. Obwohl diese Materialien kaum eine Strichrichtung haben, können Teile, die in anderer Lage zugeschnitten wurden, später unterschiedliche Farbnuancen aufweisen. Schneiden Sie also gleiche Teile stets in derselben Richtung zu, auch wenn das momentan unwichtig erscheint.

Übertragen Sie dann mit einem geeigneten Stift sämtliche Teile auf den Stoff, natürlich mit allen wichtigen Markierungen.

ZUSCHNITT Zerschneiden Sie den Stoff möglichst mit einer kleinen spitzen Schere. Fellstoff ist äußerst vorsichtig zu behandeln: Am besten durchtrennen Sie von hinten nur das Gewebe und nicht den Flor, sonst hat der Bär später kahle Stellen an den Nähten. Beim Hochnehmen der Stoffteile zieht sich der Flor ganz leicht auseinander. Als alternative Schneidewerkzeuge können ein Skalpell, ein Cutter oder ein Bastelmesser verwendet werden. Rollschneider eignen sich nicht, weil sich der Druck nicht gut kontrollieren lässt und weil sie zu leicht den Flor mitschneiden.

SCHNITTAUFLAGE UND MARKIEREN
Bevor Sie die Stoffteile für Ihren Bären zuschneiden, sollten Sie die Flor- oder Strichrichtung des Stoffes bestimmen, alle Schnittteile, auch die spiegelverkehrten, auf die Stoffrückseite legen und alle Umrisse und Markierungen mit einem Stift deutlich übertragen.

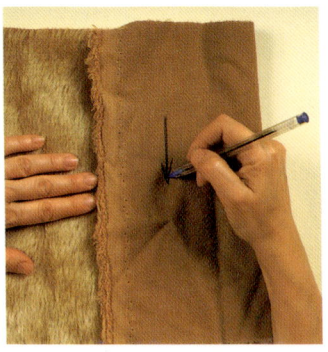

DAS BRAUCHEN SIE
Zum Vorbereiten der Stoffteile
Fellstoff
Schnittmustersatz
Zum Markieren: weicher
    Bleistift, Kuli oder
    weißer Markierstift

1 Um die Florrichtung (den Strich) festzustellen, streichen Sie mit der Hand in verschiedenen Richtungen über den Stoff. Der Flor fühlt sich glatt und weich an, wenn die Richtung stimmt, wenn nicht, richten sich die Fasern auf und fühlen sich rau an. Als Gedächtnisstütze hilft ein entsprechender Pfeil auf der Rückseite.

2 | Bei Mohairstoffen entspricht die Strichrichtung meist dem Fadenlauf des Gewebes, also parallel zur Webkante. Doch manchmal „wächst" das Fell auch schräg. Bei zotteligem Fell schauen Sie, wo der Flor über die Schnittkante ragt und wo er umgekehrt nach innen zeigt.

3 | Legen Sie sorgfältig alle Schnittteile, bis auf Vorderpfoten und Fußsohlen, auf die Stoffrückseite, auch die spiegelverkehrten. Prüfen Sie, ob jedes Teil vorhanden ist und in richtiger oder spiegelverkehrter Lage liegt, damit die Strichrichtung des Fells stimmt.

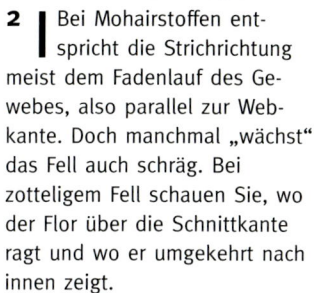

4 | Zeichnen Sie die Umrisse mit einem Stift deutlich sichtbar auf dem Stoff nach. Übertragen Sie auch alle wichtigen Markierungen wie die Öffnungen und dergleichen, damit Sie die Teile später richtig zuordnen können: Zum Beispiel hilft ein O für „oben" oder ein B für „Bauch", den Rumpf später richtig zusammenzusetzen. Übertragen Sie auch vorhandene Augen- und Gelenkmarkierungen, aber betrachten Sie sie nur als Anhaltspunkte, nicht als exakte Vorgaben.

5 | Die Schnittteile für Vorderpfoten und Fußsohlen werden auf anderes Fell, auf Wildleder oder Velours übertragen. Diese Materialien haben manchmal keine eindeutig rechte oder linke Seite, Sie können sie also selbst bestimmen. Trotzdem sollten Sie sich für eine einheitliche Ausrichtung der Teile entscheiden.

6 | Wenn auf dunklem Stoff Bleistift oder Kuli nicht gut zu erkennen sind, nehmen Sie einen weißen Markierstift oder einen Korrekturstift, der gleichzeitig das Ausfransen der Kanten etwas reduziert.

FELLSTOFFE SCHNEIDEN

Achten Sie darauf, dass Sie von hinten nur das Gewebe zerschneiden, nicht aber den Flor. Deshalb verwenden Sie am besten eine kleine spitze Schere anstatt einer großen Stoff- oder Schneiderschere.

DAS BRAUCHEN SIE
Für den Stoffzuschnitt
Mohair- oder anderen
    Fellstoff mit den Markie-
    rungen der Schnittteile
    auf der Rückseite
Kleine spitze Schere
Als Alternative: Skalpell,
    Cutter oder Bastelmesser

1 | Heben Sie den Stoff an und führen Sie die untere Scherenspitze zwischen Gewebe und Flor. Arbeiten Sie sich mit kleinen Schnitten vorwärts. Am Anfang mag das langsam gehen, aber mit etwas Übung werden Sie schneller. Nehmen Sie das ausgeschnittene Stück heraus, wobei sich der Flor leicht löst.

2 | Sie können auch mit einem scharfen Messer schneiden (Skalpell, Cutter, Bastelmesser), aber Sie dürfen dabei nur so viel Druck ausüben, dass der Flor nicht mit zerschnitten wird. Für den Zuschnitt ist eine spezielle Schneidematte als Unterlage hilfreich. Das Zuschneiden mit Messern hat auch den Vorteil, dass Sie die Handhaltung zur Erholung variieren können, wenn Sie einmal mehrere Bären hintereinander zuschneiden. Doch bedenken sie, dass Messer sehr scharf sind und nicht in die Reichweite von Kindern gelangen dürfen.

3 | Sind alle Teile zugeschnitten, arrangieren Sie sie in „Bärenform" auf der Tischfläche, um zu prüfen, ob alle Elemente in richtiger Florrichtung vorhanden sind, auch die spiegelverkehrten.

Den Bären nähen

Sind alle Teile korrekt zugeschnitten, geht es ans Zusammennähen. Man legt rechte und linke Formen aufeinander, steckt und steppt sie, um die veschiedenen Körperteile des Bären anzufertigen. Der Bär nimmt allmählich erste Formen an und man kann sich langsam ein Bild davon machen.

Man kann Bären von Hand oder maschinell zusammennähen. Für Handnähte wählen Sie einen festen Faden, eine Nadel mit großem Öhr und einen kleinen Steppstich. An der Maschine nähen Sie mit normalem Faden und mittlerer Stichlänge. Wir zeigen Ihnen hier, wie der Bär maschinell genäht wird. Achten Sie darauf, dass alle Teile richtig und faltenfrei zusammenliegen.

GARN Die Farbe des Nähgarns sollte ungefähr zum Fellstoff passen. Sie muss jedoch nicht exakt mit ihm übereinstimmen, denn das Fell verdeckt das Garn für gewöhnlich.

DIE TEILE STECKEN Die meisten Leute ziehen es vor, die Teile vor dem Nähen zusammenzustecken. Empfehlenswert sind dafür bunte Glaskopf-Stecknadeln, die im Fell nicht verloren gehen können. Stecken Sie sie rechtwinklig zur Kante in den Stoff, dann lassen sie sich beim Nähen besser herausziehen. Manche Bärenmacher stecken gar nicht oder halten nur kritische Stellen mit wenigen Nadeln zusammen. Noch andere heften alles mit Garn zusammen oder kombinieren beides, indem sie schwierige Teile stecken und ganz heikle Partien, etwa Kopfmittelteil und Fußsohlen, zusätzlich heften.

Schieben Sie beim Nähen die Fellfasern mit einer Nadelspitze oder dem Pfeiltrenner nach innen und halten Sie die Stoffkanten exakt aufeinander. So lassen sich später die Fasern von rechts leichter nach außen ziehen, wenn der Bär fertig genäht ist.

DEN RUMPF STECKEN UND NÄHEN

ZWEITEILIGER RUMPF

Beginnen Sie mit dem Zusammenfügen des Rumpfes. Wir zeigen Ihnen die Methoden sowohl für den zweiteiligen als auch für den vierteiligen Rumpf.

1 Hat der Rumpf Abnäher, falten Sie diese, Fell auf Fell, sodass die Markierungslinien aufeinander treffen. Stecken Sie sie mit Stecknadeln entlang der Linien. Wenn Ihr Schnittmuster für den Rumpf keine Abnäher vorsieht, überspringen Sie einfach die Arbeitsschritte 1 und 2.

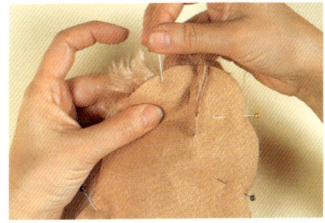

3 Den überschüssigen Abnäherstoff schneiden Sie bis auf eine Nahtzugabe weg (die Breite hängt von der Bärengröße ab). Legen Sie beide Rumpfteile exakt aufeinander; die Markierungen für die Stopföffnung treffen sich. Wer will, steckt den Rumpf, lässt aber die Stopföffnung frei.

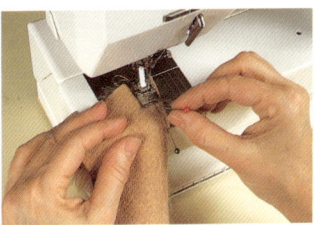

2 Steppen Sie die Abnäher an der Maschine zusammen, dabei ziehen Sie nach und nach die Nadeln heraus. Sichern Sie die Nahtenden mit Rückstichen oder Knoten, damit sie sich nicht lösen.

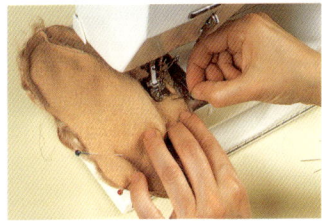

4 Beginnen Sie direkt neben der Öffnung, die Teile mit füßchenbreiter Nahtzugabe zusammenzusteppen (Stecknadeln dabei entfernen). Die Naht endet an der anderen Seite der Stopföffnung.

VIERTEILIGER RUMPF

Ein vierteiliger Rumpf verleiht dem Bärenkörper eine schönere Rundung. Zuerst näht man die zwei Vorderteile in der Mitte zusammen, dann die zwei Rückenteile, wobei hier jedoch eine Öffnung zum Wenden bleiben muss. Schließlich verbindet man Vorder- und Rückenteil durch Seitennähte miteinander.

DAS BRAUCHEN SIE

Für den vierteiligen Rumpf

Vier Rumpfteile aus Fell
Farblich passendes Garn
Nähmaschine mit normaler Nähnadel
Bunte Glaskopf-Stecknadeln
Kleine spitze Schere

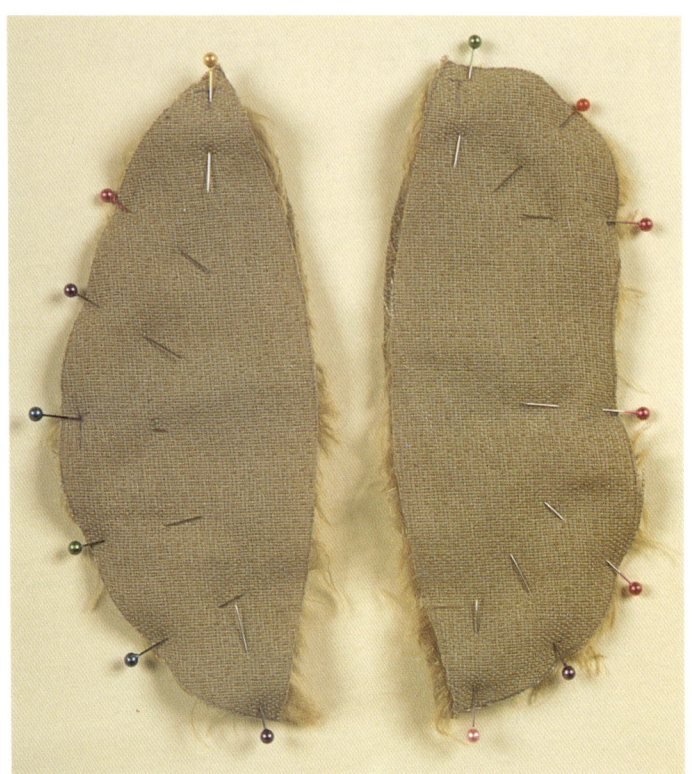

1 | Legen Sie die zwei Rückenteile, mit dem Fell nach innen, passgenau aufeinander. Ein akkurater Zuschnitt ist beim vierteiligen Rumpf besonders wichtig: Achten Sie also darauf, dass beide Teile genau gleich groß sind. Falls nicht, schneiden Sie überschüssigen Stoff sorgfältig weg, bis alles exakt passt. Wiederholen Sie das mit den beiden Vorderteilen.

2 | Starten Sie beim folgenden Stecken stets an einer Ecke. Hervorlugende Fasern schieben Sie nach innen.

3 | Stecken Sie zuerst die zwei Vorderteile vorn am Bauch von der oberen Ecke am Hals bis zur unteren Ecke zusammen. Die Rückenteile stecken Sie an der Mittelnaht zusammen, lassen aber die Öffnung zum Wenden frei.

4 | Steppen Sie die beiden Vorderteile mit der Maschine füßchenbreit zusammen, wobei Sie an einer Ecke beginnen und nach und nach die Stecknadeln herausziehen.

7 | Steppen Sie rundherum beide Teile zusammen, dabei klappen Sie die Nahtzugaben oben und unten auseinander. Nähen Sie an diesen Stellen sehr langsam, denn hier sind vier Fellstofflagen auf einmal zu bewältigen.

5 | Genauso steppen Sie die Rückenteile zusammen. Vergessen Sie aber nicht, die Öffnung frei zu lassen.

6 | Klappen Sie Vorder- und Rückenteile auseinander. Legen und stecken Sie sie aufeinander, die Nähte oben und unten treffen sich exakt. Nur oben bleibt ein kleines Loch für das Gelenk; ansonsten gibt es ja schon die Stopföffnung in der Rückennaht.

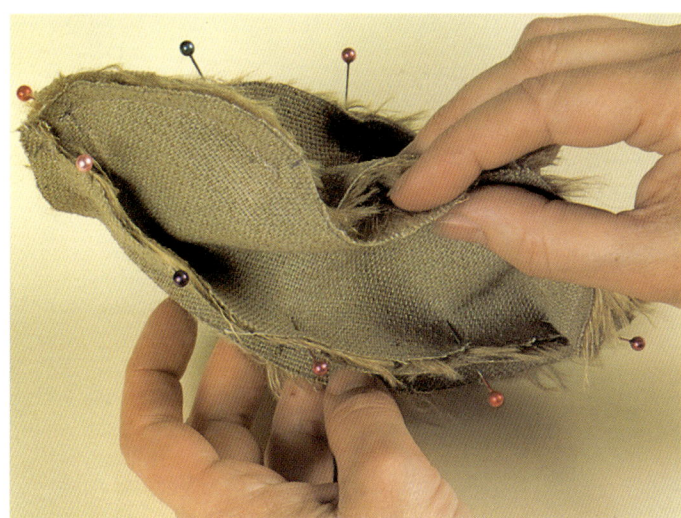

8 | Nun ist der Rumpf fertig. Hier sieht man deutlich die Rückenöffnung, die zum Wenden und Stopfen dient.

Den Kopf nähen

Der Kopf ist das wichtigste am Teddy. Nicht nur dem Gesicht (Augen, Nase, Ohren), sondern auch der Kopfform sollte man sich mit besonderer Sorgfalt widmen. Um einen schönen Kopf zu bekommen, sind als erstes Seitenteile und Kopfmittelteil sauber und gleichmäßig zusammenzunähen.

Bevor Sie mit dem Nähen beginnen, überlegen Sie, wie der fertige Bär aussehen soll. Haben Sie sich für langfelligen Mohairstoff entschieden, können Sie den Flor zu Anfang etwas zurückschneiden, aber unbedingt nur im Bereich der Nahtzugabe. Es muss zudem sehr akkurat genäht werden.

Steppen Sie die Teile stets rechts auf rechts zusammen, wobei Sie eine gleichmäßige, füßchenbreite Nahtzugabe rundherum stehen lassen. Das absolute Maß ist unwichtig, aber wenn Sie sich einmal für eine bestimmte Breite entschieden haben, bleiben Sie dabei, sonst wird der Bär ungleichmäßig. Haben Sie keine Maschine, nähen Sie mit kleinen Steppstichen und mit einer guten geraden Nadel von Hand. Verwenden Sie nur Qualitätsnähgarn. Normales Polyester-/Baumwollgarn ist für die Hauptnähte ausreichend, Sie brauchen keinen extrastarken Faden zu nehmen.

Rutschige und „wandernde" Stoffe hält man zum Nähen mit einigen Glaskopf-Stecknadeln zusammen. Einfache Nadeln sind nicht geeignet, denn sie sind im Flor schlecht auffindbar. Ist das Fell sehr lang, steckt oder heftet man es besser nicht zusammen, damit man herausschauende Fasern beim Nähen gut zwischen die Stofflagen schieben kann. Nähen Sie nie zu viel auf einmal, sondern eher kontrolliert, langsam und gleichmäßig.

Bei stark fransenden Stoffen sichern Sie vor dem Zusammennähen alle Schnittkanten, zum Beispiel mit Zickzackstich, mit einem Spezialmittel zum Festigen der Kanten oder mit weißem Leim.

Wenn Sie mit einer Naht beginnen, halten Sie die Teile zunächst fest, indem Sie die Maschinennadel in den Stoff stechen. So können sie sich nicht mehr verschieben. Gewöhnen Sie sich an, das jedes Mal zu tun, bevor Sie das Nähfüßchen senken.

DAS KOPFMITTELTEIL
Das Einsetzen des Kopfmittelteils ist der wichtigste Schritt beim Bärennähen. Die Nähte verlaufen ausgerechnet zentral über den Kopf, befinden sich also im Brennpunkt des Bärengesichtes. Sitzen sie schräg und unsymmetrisch, kann das sogleich buckelig aussehen und den ganzen Charakter des Bären verändern.

DAS BRAUCHEN SIE
Zum Einsetzen des Kopfmittelteils
Die drei Kopfteile aus dem gewählten Stoff
Nähmaschine oder Nadel zum Handnähen
Farblich passendes Garn
Bunte Glaskopf-Stecknadeln
Spitze Schere

☞
Einführung ins Bärennähen – Der Rumpf, Seite 33-35

1 | Zum Bärenkopf gehören zwei Seitenteile, eines davon ist spiegelverkehrt zugeschnitten, sowie das Kopfmittelteil, das genau dazwischen passt.

2 | Legen Sie zuerst die Seitenteile rechts auf rechts aufeinander. Bei Bedarf sichern Sie sie mit Stecknadeln; doch ohne Nadeln lassen sich lange Fasern besser nach innen schieben. Stecken Sie die Maschinennadel in den Stoff, um die Teile zu halten, bevor Sie zum Festklemmen das Nähfüßchen senken.

3 | Beginnen Sie jetzt, von der Nasenspitze aus abwärts übers Kinn bis zur unteren Halskante zu nähen. Sichern Sie das Nahtende mit einigen Rückstichen, dann schneiden Sie die Fäden ab.

5 | Stecken Sie die Maschinennadel durch das Kopfmittelteil und die Kinnnaht, um alle Teile zusammenzuhalten. Senken Sie das Nähfüßchen und steppen Sie die Teile zusammen. Starten Sie stets an der Nasenspitze und nähen Sie zuerst die eine, dann die andere Hälfte.

7 | Etwa 5 cm weiter setzen Sie die Naht fort, sofern Sie sich zuvor vergewissert haben, dass sich die Unterkanten beider Teile exakt am Hals treffen. Nähen Sie, mit Rückstichen, bis zum Ende; schneiden Sie die Fäden ab.

8 | Starten Sie wieder an der Nasenspitze, um die zweite Seite zu nähen. Soll Ihr Bär eine sehr eckige Schnauze haben, formen Sie sie jetzt. Die Quernaht erhält eine schöne Spitze, wenn Sie dort den Stoff um 90° drehen (Nadel im Stoff lassen).

4 | Markieren Sie am Kopfmittelteil die Mitte der Nasenspitze eventuell mit einem Punkt. Setzen Sie diese Stelle exakt auf den Anfang der Naht am Kinn. Achten Sie darauf, dass alle rechten Stoffseiten innen liegen.

6 | Wollen Sie später ein Sicherheitsgelenk oder eines mit Schraubenmuttern einsetzen, muss in einer Naht zunächst eine Öffnung bleiben: am besten oben auf dem Kopf, ungefähr hinter der Stelle für ein Ohr. Beenden Sie dort die Naht mit einigen sichernden Rückstichen, bevor Sie die Fäden abschneiden.

9 | Bei der zweiten Naht nähen Sie einfach bis zum Ende, denn Sie brauchen oben ja nur eine Öffnung. Jetzt sollte das Mittelteil richtig sitzen.

KOPFABNÄHER

Abnäher können dazu dienen, den Kopf plastischer zu formen und ihn genauer zu definieren. Es gibt zwei Methoden, Abnäher anzufertigen: Bei der ersten falten Sie den Stoff (Markierungslinien passgenau aufeinander), um ihn dann entlang dieser Linien zusammenzusteppen. Diese Methode wurde schon in dem Kapitel über das Nähen eines zweiteiligen Rumpfes mit Abnähern gezeigt. Eine andere Möglichkeit: Sie schneiden zuerst das Abnäherdreieck aus und steppen ihn danach zusammen. Diese zweite Methode zeigen wir hier.

1 | Mit einer sehr scharfen Schere schneiden Sie die Abnäherdreiecke aus dem Kopfteil aus. Schneiden Sie aber nur das Gewebe selbst, nicht den Flor.

☞
Einen zweiteiligen Rumpf mit Abnähern anfertigen, Seite 33

DAS BRAUCHEN SIE
Zum Steppen der Abnäher
Kopfseitenteile aus Fellstoff mit Abnähern
Nähmaschine oder Nadel zum Handnähen
Farblich passendes Garn
Bunte Glaskopf-Stecknadeln
Spitze Schere

2 | Entfernen Sie das Teil, das Fell löst sich selbst.

3 | Falten Sie den Stoff zusammen (Fell innen), die Abnäherkanten genau aufeinander. Steppen Sie sie mit füßchenbreiter Nahtzugabe in Richtung Spitze zusammen.

4 | Sichern Sie das Nahtende mit einigen Rückstichen, bevor Sie die Fäden abschneiden. Auf dieselbe Weise stellen Sie den zweiten Abnäher am Seitenteil fertig, wobei Sie auch hier wieder zur Spitze hin nähen.

5 | Das Foto zeigt, wie die Abnäher das Seitenteil formen. Bearbeiten Sie das zweite Teil genauso. Befolgen Sie dann die Arbeitsschritte des vorigen Kapitels, um das Kopfmittelteil zwischen die beiden Seitenteile zu setzen.

DIE OHREN NÄHEN

Die Ohren steppt man nur an der Rundung zusammen, die gerade Kante bleibt zum Wenden offen. Weil das Fell an den Ohren nach oben „wächst", ist besonders darauf zu achten, dass die Fasern beim Nähen nach innen geschoben werden. Stecknadeln stechen Sie immer senkrecht zur Stoffkante ein. Einige Ohren haben innen einen Abnäher, damit sie sich später schön wölben.

DAS BRAUCHEN SIE
Zum Nähen der Ohren
Ein Paar Ohrenteile
Nähmaschine oder Nadel
  zum Handnähen
Farblich passendes Garn
Bunte Glaskopf-Stecknadeln
Pfeiltrenner oder dicke Nadel

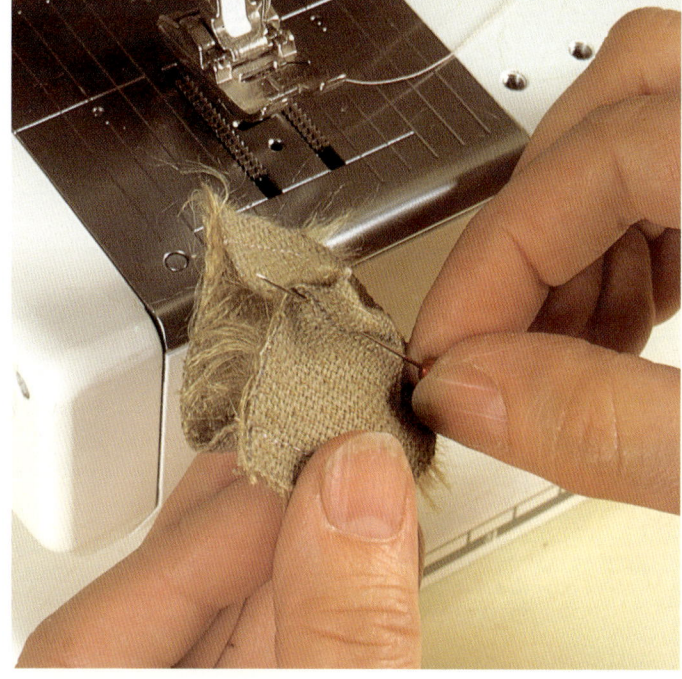

1 | Legen Sie beide Ohrteile mit dem Fell nach innen aufeinander; Stecknadeln stechen Sie im rechten Winkel zur runden Kante ein. Ist ein Abnäher am inneren Ohrteil vorgesehen, stecken Sie das Teil auf das äußere, ohne den Abnäher vorher zu nähen.

2 | Steppen Sie die runden Kanten füßchenbreit zusammen. Ziehen Sie rechtzeitig die Stecknadeln; schieben Sie unbedingt das Fell mit Pfeiltrenner oder dicker Nadel sauber nach innen. Nähen Sie das zweite Ohr genauso.

3 | Ist für das innere Ohrteil ein Abnäher geplant, stecken und steppen Sie die Markierungslinien aufeinander und schneiden Sie dann den überschüssigen Stoff ab. Sie können aber auch der anderen Methode folgend zuerst das Dreieck ausschneiden und dann den Abnäher steppen. Doch bedenken Sie, dass dieser innere Teil dann etwas kleiner wird und das Ohr insgesamt stärker wölbt.

☞
**Abnäher für zweiteiligen
Rumpf nähen, Seite 33
Abnäher für Kopf-
seitenteile, Seite 38**

DIE ARME NÄHEN

Die Schnittteile für die Arme
können verschieden aussehen,
doch das Prinzip des Zusam-
mennähens ist immer dasselbe.
Der häufigste Fehler, der dabei
gemacht wird: Beim Steppen
wird eine Seite mehr gedehnt als
die andere, was dazu führen
kann, dass sich der Arm später
mit der Pfote nach außen
verdreht. Stellen Sie zu Anfang
sicher, dass alle Teile richtig
liegen, und behalten Sie sie auf
jeden Fall im Auge.

☞

**Verschiedene Armtypen, im
Kapitel über das Entwerfen,
Seite 24-25**

1 Auch wenn die Armschnitt-
formen variieren: Beginnen
Sie immer damit, die Pfoten-
fläche an das Innenarmteil zu
steppen. Wir zeigen die Arbeitsschritte an einem einteiligen
Arm, dessen Naht auf der Rückseite liegt. Dieser Typ verursacht
den Bärenmachern die meisten
Probleme.

DAS BRAUCHEN SIE
Zum Nähen der Arme
Armteile aus Fellstoff
Pfotenteile aus glattem Stoff
   (Velours, Wollfilz)
Nähmaschine oder Nadel
   fürs Handnähen
Farblich passendes Garn
Bunte Glaskopf-Stecknadeln
Spitze Schere

2 Langfloriges Fell schneiden
Sie dort, wo die Pfote
angesetzt wird, an den Nahtzugaben etwas zurück.

3 Mit den geraden Kanten an
Pfotenteil und Unterarm
legen Sie beides rechts auf
rechts zusammen. Prüfen Sie,
ob alles passt, wenn die Arm-
hälften im nächsten Schritt
zusammengefaltet werden.

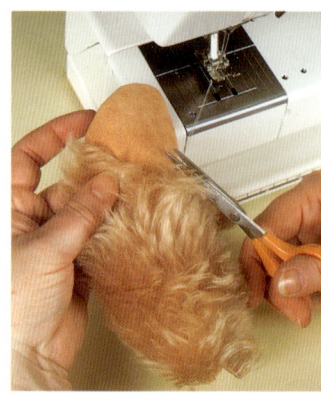

4 Steppen Sie das Pfotenteil
füßchenbreit an den Arm
und sichern Sie das Nahtende
mit Rückstichen. Schneiden Sie
die Fäden ab.

5 Falten Sie das gesamte Teil
auf die Hälfte zusammen,
das Fell innen. Bei sehr langem
Flor oder um beim Nähen ein
Verdrehen zu verhindern, stecken Sie einige Stecknadeln
senkrecht zur Stoffkante hinein.
Beginnen Sie mit dem Zusam-
mensteppen an der Faltkante.

6 Steppen Sie am Armende
sorgfältig das Pfotenteil
fest. Ziehen Sie die Nadeln
rechtzeitig heraus; Fasern schieben Sie nach innen.

7 Lassen Sie im Verlauf der
hinteren Armnaht eine
Öffnung von etwa 5 cm zum
Wenden, zum Einsetzen der
Gelenke und zum Stopfen frei.
Dahinter nähen Sie bis über die
Schulter weiter. Nahtenden
sichern Sie mit Rückstichen;
schneiden Sie die Fäden ab.

PFOTEN AUS WILDLEDER NÄHEN

Wildleder ist ein Naturmaterial und nutzt sich kaum ab. Mit ihm können Sie Aussehen und Qualität Ihres Bären aufwerten. Das Verarbeiten von Wildleder mit der Nähmaschine kann mitunter mühsam sein, doch mit unserer Methode geht es viel leichter.

DAS BRAUCHEN SIE

Zum Annähen der Pfoten

Armteile aus Fellstoff
Pfotenteile aus Wildleder
Nähmaschine oder Nadel
    fürs Handnähen
Farblich passendes Garn
Ein Stück dünnes Papier
Spitze Schere

1 | Bei diesem Armschnitt befindet sich die Naht auf der Vorderseite. Zuerst muss das Pfotenteil angenäht werden.

2 | Legen Sie Pfotenteil und Arm rechts auf rechts zusammen (zuvor an der Nahtzugabe Fell zurückschneiden) und breiten Sie Papier über das Leder.

3 | Fixieren Sie diese drei Lagen (Papier nach unten) mit der Maschinennadel, bevor Sie das Nähfüßchen senken und die gerade Naht steppen. Nach dem Abschneiden der Fäden zupfen Sie das Papier ab. Der Vorteil: Es gleitet gut, das Leder berührt die Maschine nicht und kann nicht mit seiner stumpfen Oberfläche haften bleiben.

4 | Steppen Sie dann wie links beschrieben die lange Hauptnaht, wobei Sie wieder Papier unterlegen.

5 | Für Splintgelenke lassen Sie eine Öffnung oben an der Schulternaht frei anstatt in der Hinterarmnaht wie beim vorherigen Beispiel. Beenden Sie die Naht wie gewohnt.

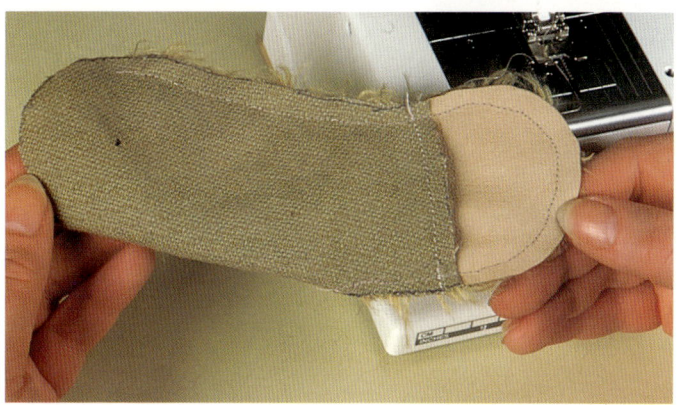

6 | Zupfen Sie das Papier ab: Das Pfotenteil ist sauber an den Fellstoff genäht.

DIE BEINE NÄHEN

Wie bei den Armen so gibt es auch bei den Beinen verschiedene Schnittformen – ein- oder zweiteilige. Entscheiden Sie vor dem Nähen, welche Gelenke Sie einsetzen möchten, damit Sie die Öffnung an der richtigen Stelle frei lassen.

☞
Verschiedene Beintypen, im Kapitel übers Entwerfen, Seite 24-25
Versteckte Öffnung für Splintgelenke, Seite 56

DAS BRAUCHEN SIE

Zum Nähen der Beine

Beinteile aus Fellstoff
Sohlenteil aus glattem Stoff (Wildleder, Velours, Wollfilz)
Nähmaschine oder Nadel fürs Handnähen
Farblich passendes Garn
Bunte Glaskopf-Stecknadeln
Ein Blatt dünnes Papier
Scharfe Schere

3 | Setzen Sie 5 cm weiter die Naht fort bis vorn zur Fußspitze. Sichern Sie die Naht mit Rückstichen; schneiden Sie die Fäden ab. Unten bleibt der Fuß offen, denn hier wird die Sohle angesetzt.

1 | Für ein zweiteiliges Bein: Stecken Sie die Teile rechts auf rechts mit wenigen Nadeln zusammen, damit sie sich nicht gegeneinander verschieben. Beginnen Sie mit dem Steppen an der Ferse.

2 | Lassen Sie hinten eine Öffnung zum Wenden, Einsetzen des Gelenks und zum Stopfen frei. Dazu nähen Sie bis zur halben Beinhöhe und beenden die gesicherte Naht wie gewohnt.

4 | Viele Beine sind einteilig geschnitten, die Hälften hängen also zusammen. Falten Sie den Stoff an der hinteren Beinmitte zusammen (das Fell innen), um sie dann vom Fuß bis nach oben durchzusteppen.

5 | Entweder lassen Sie oben die Naht offen oder Sie nähen wie hier bis zur Faltkante durch. Sie können dann mit einer versteckten Öffnung ein Splintgelenk einsetzen, wie es in einem späteren Kapitel erklärt ist. Für Schraubengelenke eignet sich diese Methode nicht. Beenden Sie die Naht wie gewohnt.

7 | An der Fußspitze stecken Sie die Maschinennadel (natürlich mit Nahtzugabe) durch die vordere Beinnaht und in die vordere Sohlenmitte. Senken Sie das Nähfüßchen.

9 | Nähen Sie die Sohle rundherum fest, zum Sichern übersteppen Sie den Nahtanfang etwas. Soll der Bär stehen können, legt man später Karton in der Sohlengröße abzüglich Nahtzugabe in den Fuß ein. Wenn Sie dies tun wollen, steppen Sie zur Verstärkung noch eine zweite Runde.

6 | Unabhängig davon, ob das Bein ein- oder zweiteilig ist: Die Fußsohle wird immer auf dieselbe Art angesetzt. Hier wird eine aus Wildleder mit Hilfe von Papier angenäht, so wie Sie es bei den Pfoten gesehen haben. Legen Sie die Sohle aufs Papier, dann stellen Sie das Bein senkrecht darauf; die rechten Stoffseiten liegen innen.

8 | Steppen Sie mit füßchenbreiter Nahtzugabe langsam und immer nur wenig auf einmal. Stecknadeln könnten beim Nähen stören. Gewöhnen Sie sich lieber an, den Stoff gut zu führen, und lassen Sie die Maschine die Arbeit tun.

10 | Drehen Sie das Bein um, damit Sie das Papier von der Sohle abreißen können: zuerst außen, dann die verbleibende innere Fläche.

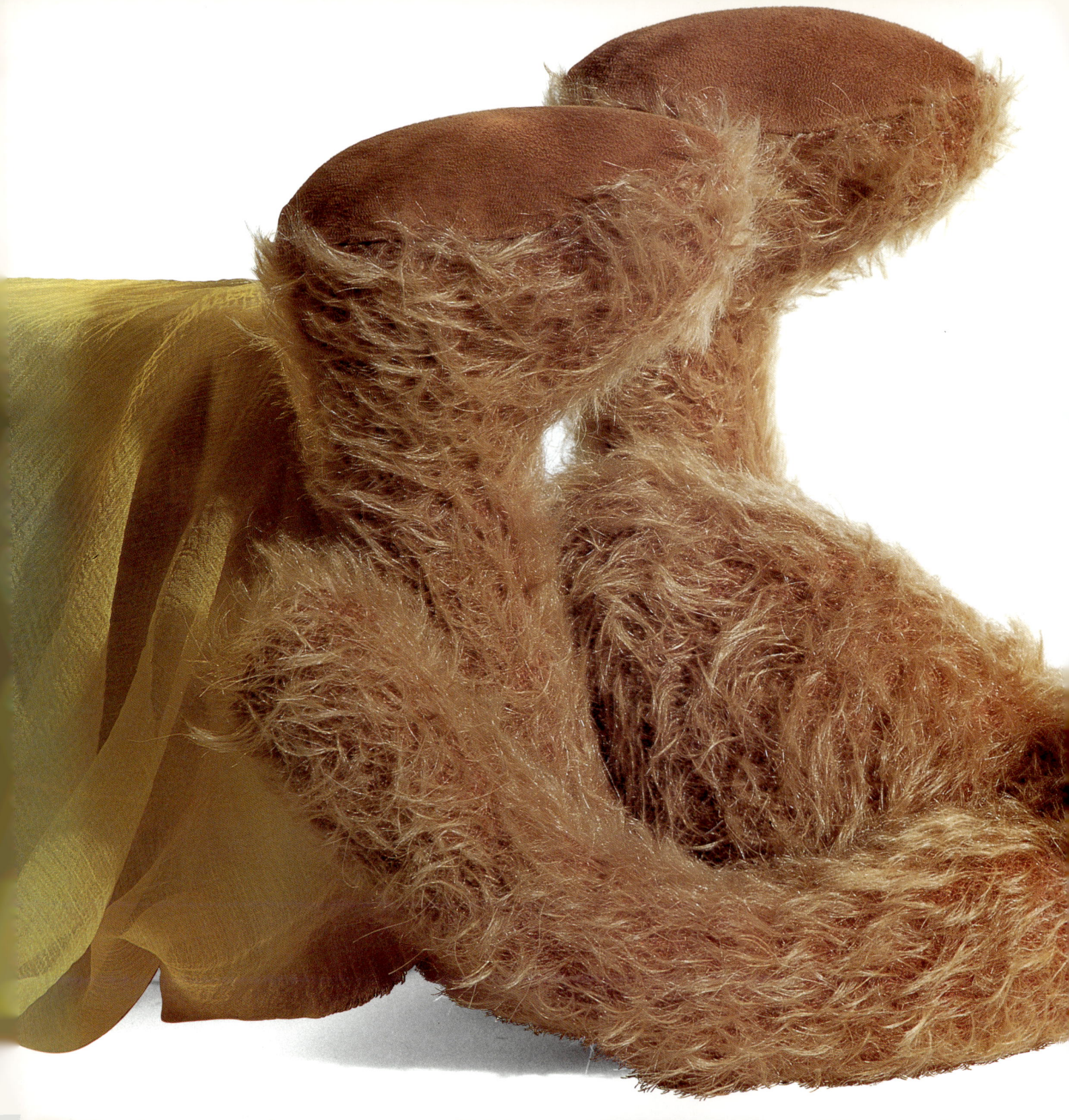

Den Bären zusammenbauen

Der Bärenkörper: Wie man ihn zusammenbaut und stopft, damit der Bär eine schöne Form bekommt, damit er sich bewegen, in Positur setzen und brummen kann.

Wie man die Gelenke einsetzt

Zum wichtigsten Merkmal eines Bären gehören die Drehgelenke, die es ihm erlauben zu sitzen, Arme und Beine zu bewegen sowie die interessantesten Posen einzunehmen. Durch diese besondere Beweglichkeit erinnert uns ein Bär häufig mehr an einen Menschen als an ein Tier.

Die Gelenke bestehen aus Scheibenpaaren, wovon je eines im Kopf, Arm oder Bein sitzt, das andere im Rumpf. Durch das Fell hindurch sind sie durch Splinte, Schraubgewinde oder Plastikstifte fest miteinander verbunden. Man sichert sie, indem die Splintenden gebogen, Muttern aufs Gewinde gesetzt oder nicht mehr lösbare Scheiben auf die Plastikstifte geklopft werden.

Es gibt noch andere Spezialgelenke: Wackelkopfgelenke, mit denen der Kopf in weitere Richtungen gekippt werden kann, sowie das Doppelsplintgelenk, das dem Bären ein in sich zusammengesunkenes Aussehen verleiht. Das Einsetzen eines Wackelkopfgelenkes ist weiter hinten erklärt; das Fadengelenk finden Sie im Kapitel über Miniaturbären.

Die drei wichtigsten Gelenktypen – Schraub-, Splint- und Plastiksicherheitsgelenk – sind alle geeignet. Sie halten Kopf und Gliedmaßen ganz ohne Frage sicher fest, doch sind ihre besonderen Vorteile jeweils anders gelagert. Wir möchten Ihnen erklären, wie die einzelnen Gelenke zusammengehören, wie man sie schließt und sichert, wobei wir das zunächst an kleinen Stoffstücken demonstrieren, damit die Arbeitsschritte gut zu erkennen sind.

☞

**Gelenkgröße und -position bestimmen, Seite 52
Gelenke in Bären einsetzen, Seite 52-55**

SCHRAUBGELENKE

Diese zuverlässigen Gelenke gibt es schon seit vielen Jahren; so findet sich manch alter Bär, dessen Körperteile schon weit über 70 Jahre von Schraubgelenken zusammengehalten werden. Man verwendet sie gern für Sammlerbären, vor allem für sehr große Modelle, weil dieser Gelenktyp sehr stabil ist und in größeren Größen als andere angeboten wird. Schraubgelenke sind auch ideal für Leute, die nicht so viel Kraft in den Händen haben, weil sie einfacher einzusetzen sind. Schraubgelenke müssen *vor* dem Füllen des Bären positioniert und befestigt werden. Sparen Sie Öffnungen in den Arm- und Beinnähten und an einer seitlichen Kopfnaht aus. Die Flügelmuttern zieht man entweder von Hand an oder mit Schraubenschlüssel bzw. Ratschen-Ringschlüssel, doch am einfachsten mit zwei Außen-Sechskant-Steckschlüsseln.

DAS BRAUCHEN SIE
Zum Zusammenfügen eines Schraubgelenkes
Genähte ungefüllte Bärenkörperteile
Gelenke mit Schrauben und Muttern, passend zur Größe Ihres Bären
Zwei Außen-Sechskant-Steckschlüssel, Schraubenschlüssel oder Ratschen-Ringschlüssel
Ahle oder kleine spitze Schere, um ein Loch in den Stoff zu stechen

1 Mit einer Ahle oder einer kleinen spitzen Schere stechen Sie ein Loch dort in den Stoff, wo der Gelenkstift hindurchführen soll. Versuchen Sie dabei, die Gewebefäden nur zu verschieben und nicht zu beschädigen.

2 Bei langfelligem Stoff schneiden Sie den Flor im Bereich der Gelenkscheibe ab. So lässt sich das Gelenk fester zusammenschrauben.

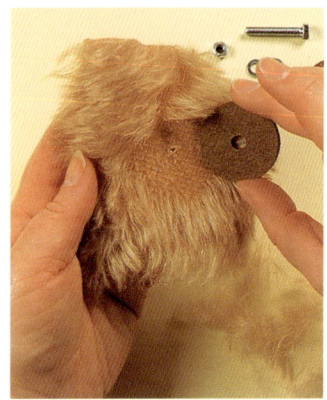

3 Der vom Flor befreite Bereich sollte groß genug sein, damit die Gelenkscheibe glatt aufliegt, aber nicht größer, denn sonst hat man hier später kahle Stellen.

4 Stecken Sie eine Metall-Unterlegscheibe, dann eine große Scheibe auf die Schraube, die Sie dann durch beide Stofflagen hindurch bis zur anderen Seite schieben. (Beim Ansetzen eines Armes an den Bärenrumpf hieße das zum Beispiel: die Schraube zuerst durch den Arm-, dann durch den Rumpfstoff schieben.)

5 Stecken Sie die zweite Gelenkscheibe, dann die Unterlegscheibe auf das Schraubenende. Drehen Sie einfache Muttern zunächst von Hand darüber, was aber natürlich nicht fest genug ist.

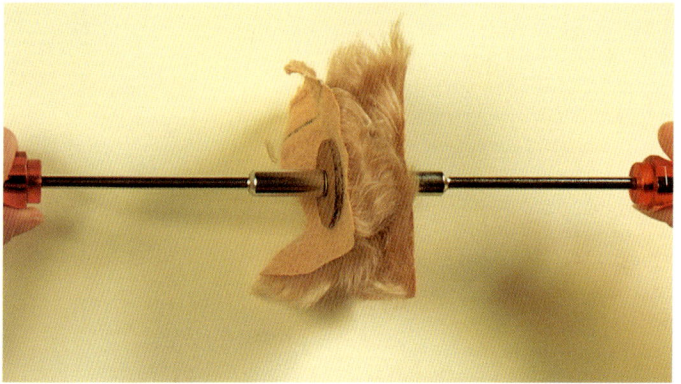

6 Setzen Sie die zwei Steckschlüssel von beiden Seiten auf die Schraube bzw. die Muttern. Drehen Sie sie gleichzeitig in entgegengesetzter Richtung, bis das Gelenk fest sitzt. (Stattdessen können Sie auch einen Schraubenschlüssel oder einen Ratschen-Ringschlüssel verwenden.)

7 Prüfen Sie, wie weit die Mutter geschraubt ist. Überdrehen Sie sie aber nicht, sonst wackeln Arme und Beine, drehen sich aber nicht richtig, was das Material zerstört. Eine zu fest sitzende Mutter drehen Sie leicht zurück. Machen Sie das nicht zu oft, damit der Nyloneinsatz in der Mutter seine Griffigkeit nicht verliert.

SPLINTGELENKE

Splintglenke sind traditionelle Gelenke und werden vorwiegend in Sammlerbären eingesetzt. Auch sie nutzt man schon, seit es Teddybären gibt; schließlich war früher die Auswahl klein und diese Gelenke haben ihre Aufgabe gut erfüllt – aus diesem Grunde sind sie auch heute noch populär. Sie sind nicht nur preiswert, sondern auch unkompliziert in der Handhabung. Wenn Sie welche kaufen möchten, suchen Sie nach Splinten mit T-Kopf, weil diese nicht so leicht durch das Loch der Scheibe rutschen. Sie sind einfach zu befestigen, und mit ein bisschen Übung bekommen Sie ein perfektes Ergebnis. Dieser Gelenktyp wird in der Regel eingesetzt, wenn Gliedmaßen und Kopf schon gefüllt sind, denn man befestigt ihn durch Zug und nicht mit Druck. Zum Einsetzen lässt man am besten oben in den Gliedmaßen Öffnungen; für das Einsetzen in den Kopf reicht die Halsöffnung. Zum Befestigen braucht man lediglich eine Zange oder einen speziellen Splintdreher.

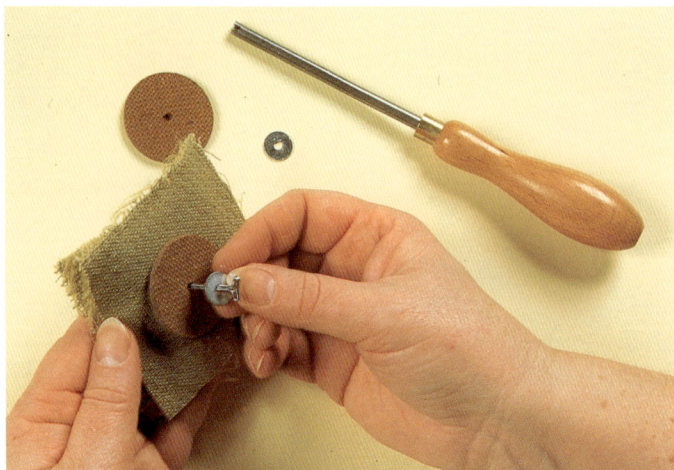

1 Stechen Sie mit Ahle oder Scherenspitze ein Loch in den Fellstoff, ruhig kleiner als für Schraubgelenke. Bei langfelligem Stoff schneiden Sie den Flor im Bereich der Scheibe ab, wie in Schritt 2-3 bei den Schraubgelenken gezeigt. Stecken Sie eine Metall-Unterlegscheibe, dann die Gelenkscheibe auf den Splint. Schieben Sie ihn durch beide Stoffe hindurch (wie beim Arm und Rumpf des Bären).

2 Stecken Sie die andere Gelenk-, dann die Unterlegscheibe auf den Splint. Biegen Sie die Enden von Hand oder mit einer Zange zu einem V.

3 Auch wenn ein Splintdreher einfacher zu handhaben ist: Mit einer Spitzzange funktioniert diese Methode genauso. Setzen Sie den Splintdreher (die Zange) am letzten Viertel eines Splintendes an, um es zur Mitte zu biegen. Verfahren Sie mit dem zweiten Ende genauso; es ergibt sich eine Herzform.

4 Mit dem Werkzeug auf halber Splinthöhe biegen Sie diesen nach außen, bis der erste Bogen die Metall-Unterlegscheibe berührt.

5 Sind beide Enden auf diese Weise gebogen, bildet der Splint eine „Krone". Während man die erste Krümmung auf die Unterlegscheibe biegt, zieht man die Mitte gleichzeitig kräftig hoch, wodurch der Splint fest wird. Achten Sie unbedingt darauf, dass die Krümmung wirklich auf der Metallscheibe sitzt und nicht auf der Gelenkscheibe, denn sonst wird die Verbindung nicht fest genug. Außerdem leidet die faserige Gelenkscheibe Schaden, wodurch sich das Gelenk lösen kann, wenn das betreffende Körperteil bewegt wird.

DAS BRAUCHEN SIE
Zum Zusammenfügen eines Splintgelenkes
Körperteile des Bären
Splintgelenke, passend zur
  Größe Ihres Bären
Ahle oder kleine spitze
  Schere
Zange oder Splintdreher

SICHERHEITSGELENKE AUS KUNSTSTOFF

Diese Gelenke wählt man für Bären, mit denen Kinder sicher spielen können. Es gibt zwei Haupttypen, beide werden auf dieselbe Weise genutzt. Weiße Gelenke haben Rillen am Gelenkstift, über den man eine Schließscheibe in eine Richtung schieben kann, aber nicht wieder zurück. Schwarze Gelenke haben einen glatten Stift, der vom Schließring festgeklemmt wird; auch er kann nicht mehr zurückgleiten. Beide Gelenktypen sind gleich gut geeignet.

Diese Gelenke setzt man vor dem Füllen des Bären ein. Man drückt sie und zieht sie nicht zusammen, weshalb eine harte Unterlage nötig ist, denn nur so wird die Verbindung stabil. Eine weiche Füllung dazwischen würde den Druck abfedern; die Verbindung wäre zu locker. Am besten klopfen Sie ein Pressholz oder Spezialwerkzeug für Sicherheitsgelenke mit einem Hammer fest über den Stift und auf die Metall- oder Kunststoff-Schließscheibe, die möglichst weit unten sitzen soll.

DAS BRAUCHEN SIE
Zum Zusammenfügen eines Sicherheitsgelenkes
Körperteile des Bären
Sicherheitsgelenke, passend zur Größe Ihres Bären
Ahle oder kleine spitze Schere
Pressholz oder Spezialwerkzeug für Sicherheitsgelenke
Hammer oder Schlägel

1 | Stechen Sie ein Loch mit Ahle oder Scherenspitze in den Stoff. Langen Flor schneiden Sie im Scheibenbereich kurz, wie in Schritt 2-3 bei Schraubgelenken gezeigt. Schieben Sie den Gelenkstift durch beide Stofflagen.

2 | Stecken Sie auf der anderen Seite die große Scheibe über den Stift und darüber die kleine Schließscheibe. Drücken Sie sie von Hand möglichst weit nach unten.

3 | Setzen Sie das Presswerkzeug über den Stift und klopfen Sie mit dem Hammer zwei- bis dreimal darauf. Machen Sie das am besten auf festem Fußboden oder einer harten Tischplatte.

4 | Prüfen Sie, ob die Schließscheibe wirklich so tief wie möglich unten an den Stift geklopft wurde, damit die Gelenkverbindung fest ist.

WACKELKOPFGELENK

Dieses Gelenk ist neu auf dem Markt für Bärenmacher-Zubehör. Mit ihm kann der Bär noch vielfältigere Positionen einnehmen und so noch mehr Charaktereigenschaften zeigen. Zuerst mag es mühsam erscheinen, das Gelenk anzubringen, aber ein bisschen Geduld und Beharrlichkeit zahlen sich aus, wenn Sie sehen, wie viel Ausdruck dem Bären damit verliehen wird. Das Wackelkopfgelenk kostet etwas mehr als andere Gelenke, doch berücksichtigt man, aus wie vielen Teilen und wie ausgeklügelt es entwickelt und hergestellt wurde und wie es die Wirkung des Bären zu steigern vermag, sind die Kosten allemal gerechtfertigt.

DAS BRAUCHEN SIE
Zum Zusammenfügen eines Wackelkopfgelenkes
Körperteile des Bären, noch
    nicht gefüllt
Wackelkopfgelenk, passend
    zur Größe Ihres Bären
Nadel und sehr stabiler
    Faden
Ahle oder kleine spitze
    Schere

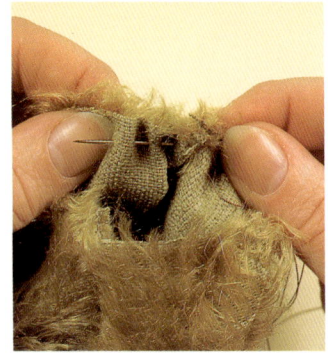

1 Drehen Sie das Innere des Bärenkopfes nach außen und reihen Sie mit sehr festem Faden an der Halsöffnung entlang (Vorstiche). Ziehen Sie sie mit dem Faden zusammen; vernähen Sie ihn mit mehreren kleinen Stichen.

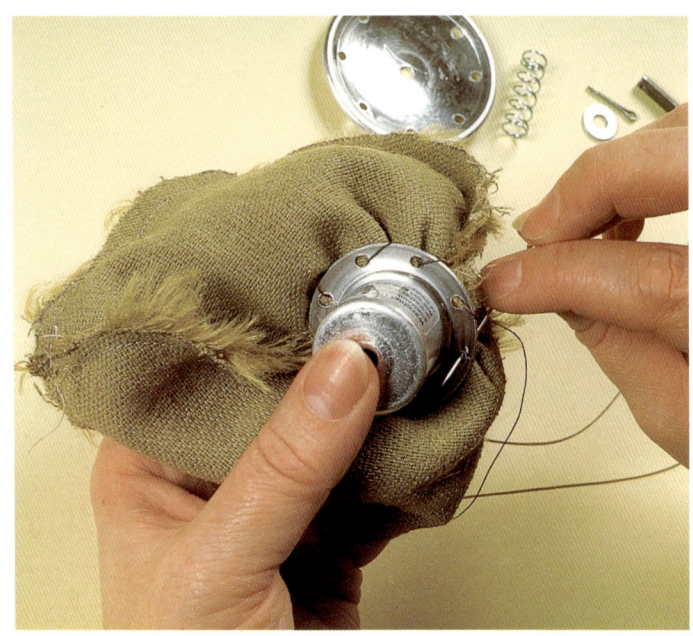

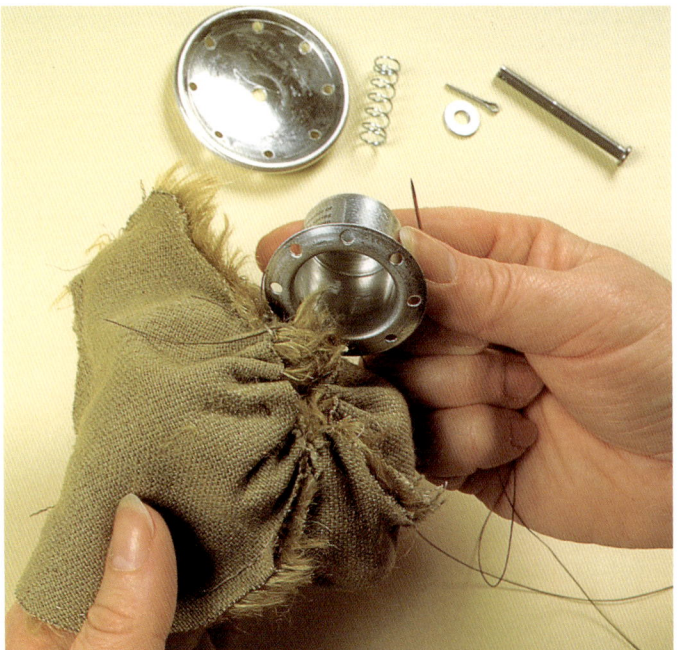

2 Setzen Sie das hutförmige Oberteil über diese zugenähte Halsöffnung.

3 Nähen Sie das Teil rundherum durch die Löcher hindurch fest.

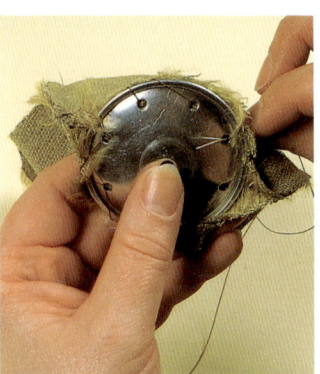

4 Mit der Rumpfinnenseite nach außen sorgen Sie oben für eine Öffnung, die so groß ist wie die große Gelenkscheibe. Nähen Sie sie durch die Löcher hindurch an den Stoffkanten mit stabilem Faden sicher fest.

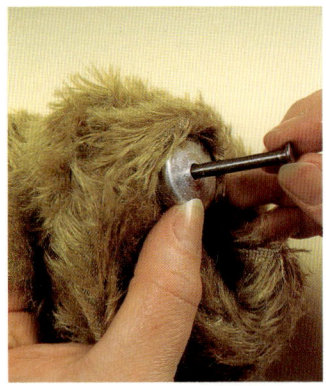

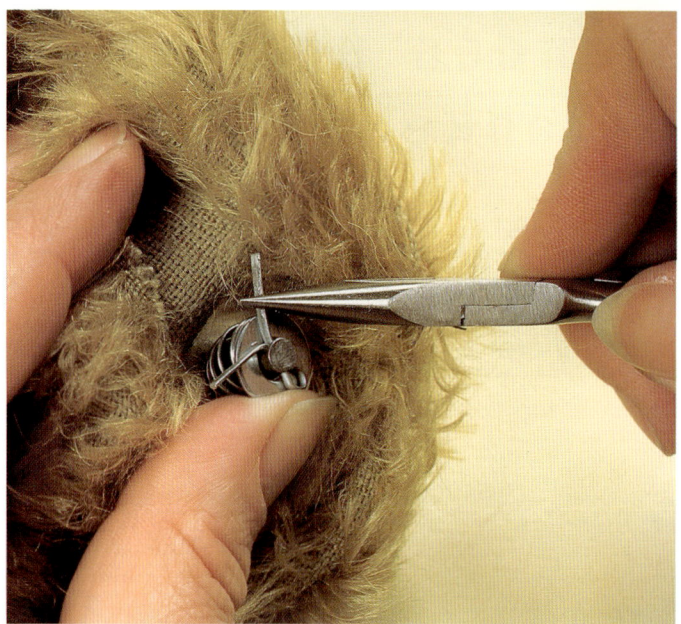

5 | Wenden Sie Rumpf und Kopf auf rechts. Stecken Sie nun den langen Metallstift vom Kopfinneren aus durch das Loch im hutförmigen Teil nach außen, dann durch das Loch in der großen Gelenkscheibe in den Rumpf hinein.

7 | Setzen Sie die Unterlegscheibe darüber und sichern Sie beides mit dem kleinen Splint, der durch das Loch oben im Stift gesteckt wird. Bedenken Sie, dass die sehr starke Feder Schäden verursachen kann, wenn Sie sie nicht sicher festhalten.

8 | Biegen Sie die Enden des Sicherungssplints auseinander und dann flach, damit sie nicht durch den Stoff nach außen dringen können.

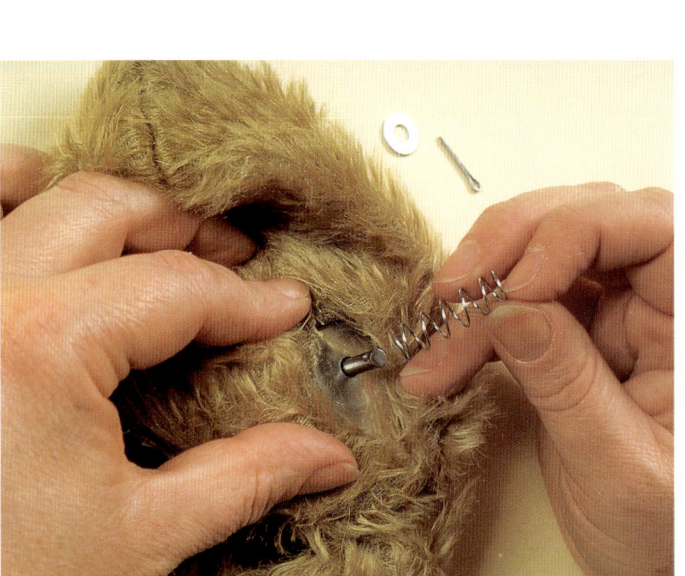

6 | Im Rumpfinneren stecken Sie die Spiralfeder auf den Stift, drücken sie herunter und halten sie gut fest.

Wenden und Gelenke einsetzen

Sind alle Teile genäht, wird es Zeit, sie zu wenden und die Gelenke einzusetzen. Ziehen Sie die Teile vorsichtig auf rechts, ohne den Stoff zu beschädigen. Die Reihenfolge beim Gelenkeinbau ist äußerst wichtig und hängt auch vom jeweiligen Gelenktyp ab.

Informieren Sie sich zuerst, wie die Gelenke funktionieren. Die Gelenkpunkte sind bei gekauften Schnittmustern meistens schon eingezeichnet. Man könnte sie gleich mit auf die Rückseite der Stoffteile übertragen; doch prüfen Sie nach dem Nähen, ob sie immer noch richtig sitzen und ob sie wirklich zu den gewählten Gelenken passen. Beim Nähen kann es passieren, dass sich die Punkte verschieben, wenn der Stoff zum Beispiel an einer Seite stärker als an der anderen gezogen wurde.

Wenn Sie einen eigenen Schnitt verwenden, legen Sie die Gelenkpositionen ohnehin selbst fest. Das muss unbedingt sehr akkurat sein. Wenden Sie den Bären nicht auf rechts, bevor nicht alle Punkte markiert sind. Übertragen Sie sie mit Stecknadeln oder sich farblich abhebendem Faden auf die rechte Stoffseite.

GELENKE Wählen Sie die Gelenke so, dass sie bequem oben in die Gliedmaßen passen, plus ca. 8 mm wegen der Scheibendicke. Hals und Beine sind oben meistens breiter als die Oberarme, deshalb brauchen Sie in der Regel Gelenke in zwei Größen.

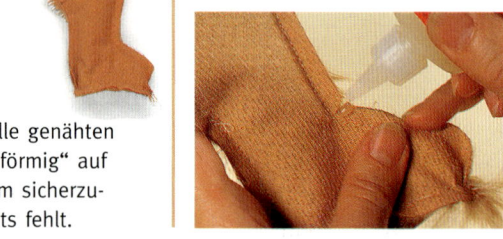

☞
Gelenke einsetzen,
Seite 46-47

REIHENFOLGE Die Reihenfolge, in der die Gelenke eingesetzt und die Teile gestopft werden, variiert je nach vorgesehenem Gelenktyp. Generell gilt Folgendes:
Schraubgelenke: Zum Einsetzen dieser Gelenke muss der Bär noch ungefüllt sein, damit man die erforderlichen Werkzeuge richtig handhaben kann. Erst danach stopft man die Teile aus.

Splintgelenke: Üblicherweise stopft man zuerst den Kopf und verbindet ihn dann mit dem ungefüllten Rumpf, doch muss der Kopf nicht unbedingt gefüllt sein. Arme und Beine können beim Ansetzen ebenfalls gestopft oder leer sein.

Kunststoff-Sicherheitsgelenke: Sie lassen sich am besten in ungefüllte Körperteile einsetzen, da sie mit einem Spezialwerkzeug festgeklopft werden müssen.

In allen Fällen bleibt der Rumpf jedoch ungefüllt, bis alle fünf Gelenke befestigt sind. Erst dann kann er gut gestopft werden.

AUF RECHTS WENDEN
Bevor die Bärenteile auf rechts gewendet werden, markieren Sie die Gelenkpositionen mit Hilfe der Gelenkscheiben. An diesen Punkten werden später die Löcher für die verschiedenen Stifte der Schraub-, Splint- oder Sicherheitsgelenke gestochen.

1 Legen Sie alle genähten Teile „bärenförmig" auf dem Tisch aus, um sicherzustellen, dass nichts fehlt.

DAS BRAUCHEN SIE
Zum Markieren der Gelenkpunkte und zum Wenden
Körperteile des Bären, genäht, aber noch nicht gewendet
Gelenke passend zur Größe Ihres Bären
Bleistift oder Kuli
Pinzette oder Venenklemme, Stopfwerkzeug
Spezialmittel für ausfransende Stoffe oder weißer Leim

2 In sehr engen Kurven schneiden Sie die Nahtzugaben bis kurz vor die Naht mit einer scharfen Schere ein. Sichern Sie alle Schnittkanten mit einigen Tropfen Spezialmittel oder weißem Leim gegen das Ausfransen.

3 | Dieses „Röntgenbild" zeigt die Position der Gelenke. Sie sind zur Verdeutlichung noch lose; bei bereits zusammengefügten Gelenken lägen die Scheiben enger zusammen.

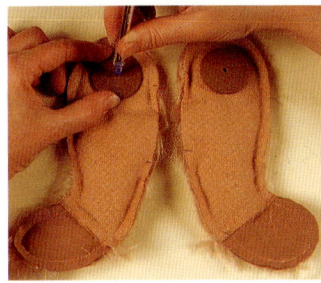

4 | Legen Sie die Bärenarme mit den Innenseiten nach oben auf den Tisch und die Gelenkscheiben für die Arme 8 mm unterhalb der oberen Nahtlinie darauf. Zeichnen Sie Bleistiftpunkte durch die Löcher hindurch auf den Stoff. Verfahren Sie genauso bei den Beinen, die Sie mit den Füßen nach außen vor sich auf den Tisch legen.

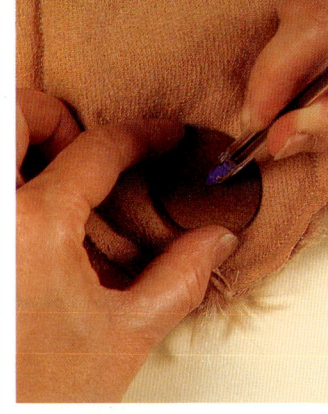

5 | Zum Festlegen der Beingelenkpositionen am Rumpf denken Sie sich eine senkrechte Seitenlinie genau zwischen Hals und Schritt; ein vierteiliger Rumpf hat dort eine Naht. Die schon für die Beinmarkierung verwendete Gelenkscheibe legen Sie bei mittelgroßen Bären gut 1 cm über die untere Naht, damit noch Schrittbreite bleibt. Bei kleineren oder größeren Bären verändern Sie dieses Maß entsprechend. Zeichnen Sie die Gelenkmitte auf den Stoff. Bei einem vierteiligen Rumpf sollte der Punkt auf dem Rückenteil liegen, nahe bei, aber nicht auf der Nahtlinie.

6 | Für die Positionierung des Schultergelenks legen Sie eine der Halsgelenkscheiben andeutungsweise mit dem Mittelloch auf die obere Rumpfnaht. Eine Schultergelenkscheibe schieben Sie – bei einem mittelgroßen Bären – gut 1 cm darunter auf die Seitenlinie, bei größeren oder kleineren Bären tiefer oder höher. Markieren Sie die Position durch das Loch hindurch auf dem Stoff.

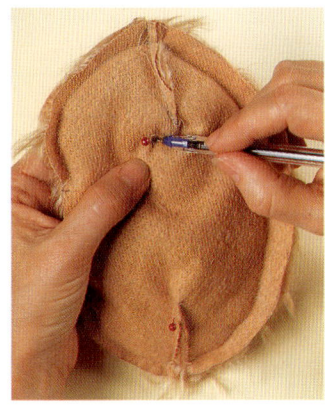

7 | Übertragen Sie die Punkte auf die andere Rumpfseite; bei flach gedrücktem Stoff verwenden Sie Stecknadeln und/oder buntes Garn.

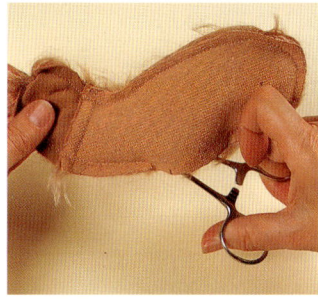

8 | Wenden Sie jetzt alle Körperteile. Das beste Werkzeug für die dünnen Gliedmaßen ist eine Venenklemme. Schieben Sie sie in das zu wendende Teil und greifen Sie innen am anderen Ende ein Stück Stoff; fassen Sie das Gewebe, nicht nur die Fellfasern.

9 | Schließen Sie die Klemme am Griff und ziehen Sie sie vorsichtig heraus, wobei Sie mit der anderen Hand den Stoff rollen und schieben, damit das Gewebe nicht gezerrt wird. Schaut das Ende heraus, lösen Sie die Klemme und wenden den Rest von Hand weiter. Schieben Sie mit einem stumpfen Werkzeug die Nähte schön nach außen.

GELENKE ANBRINGEN

Sind alle Punkte markiert, stechen Sie mit einer Ahle oder spitzen Schere die Löcher für die Gelenke durch den Stoff. Schieben Sie eine Gelenkscheibe nach innen und stecken Sie entsprechend den Splint, die Schraube oder den Plastikstift von innen nach außen durch den Stoff hindurch.

DAS BRAUCHEN SIE
Zum Anbringen der Gelenke
Ungefüllte Bärenkörperteile
Drahtbürste
Gelenke, passend zur Größe
    Ihres Bären
Ahle
Spitze Schere
Lange dicke Nadel
Festes Garn
Passendes Werkzeug zum
    Verschließen des ge-
    wählten Gelenktyps

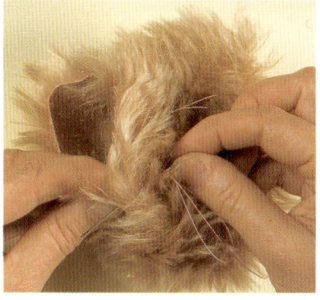

2 Bringen Sie zuerst das Halsgelenk an. Hier führen wir es einmal an einem ungefüllten Kopf vor, er kann aber auch gestopft sein, sofern Sie Splintgelenke verwenden. Mit großer Nadel und festem Garn nähen Sie eine Reihe Vorstiche ca. 7 mm neben die Hals-öffnung.

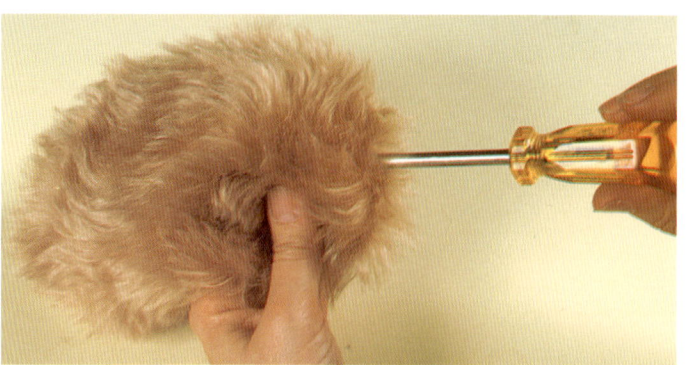

4 Stechen Sie ein Loch oben in den Rumpf, in die Nähe der Mittellinie und dicht an der Naht. Die genaue Position hängt davon ab, ob Ihr Bär einen erhobenen, aufrechten oder hängenden Kopf haben soll.

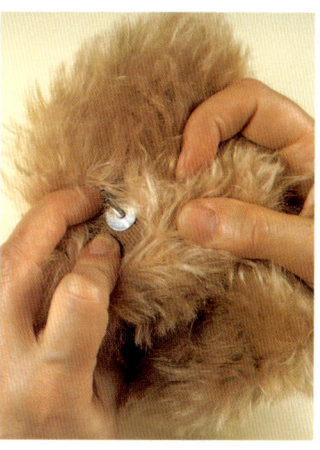

5 Stecken Sie den Stift (Schraube, Splint) vom Kopf durch das Loch in den ungefüllten Rumpf. Schieben Sie die zweite Gelenkscheibe und die Unterlegscheibe darüber und schließen Sie das Gelenk so, wie es – für jeden Gelenktyp separat – ab Seite 46 beschrieben ist.

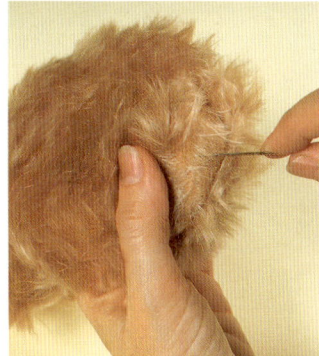

1 In diesem Stadium prüfen Sie die Nähte von außen. Wurde viel Fell mit festgenäht, ziehen Sie es heraus, indem Sie mit einer langen dicken Nadel über die Stellen reiben und zupfen oder mit einer Drahtbürste über die Nähte streichen.

3 Setzen Sie eine Unterleg- und Gelenkscheibe ein: mit der Schraube, dem Splint oder Plastikstift nach außen. Ziehen Sie die Öffnung mit dem Näh-faden zu und vernähen Sie ihn. Kürzen Sie den Flor im Gelenk-bereich.

☞
**Gelenke einsetzen,
Seite 46-51**

9 | Eine Variante ist das Herstellen biegsamer Gliedmaßen. Verwenden Sie dazu kunststoffummantelten Draht in einer Schaumstoffhülle (Biegestäbe), am besten in Verbindung mit einem Schraubgelenk. Stecken Sie die oben angebrachte Öse des Biegestabes mit auf die Gelenkschraube. Für den Fuß biegen Sie das Ende einfach um und kürzen es bei Bedarf.

6 | Falls Sie ein Schraubgelenk verwenden, muss der Bärenkopf noch leer sein und an einer Kopfnaht oben eine Öffnung haben. Nur dann lässt es sich mit dem richtigen Werkzeug beidseitig gut schließen.

7 | An Armen und Beinen wenden Sie die jeweiligen Bereiche kurz nach außen, um die markierten Löcher für die Gelenke mit Ahle oder spitzer Schere zu stechen. Tun Sie das an allen vier Gliedmaßen und am Rumpf.

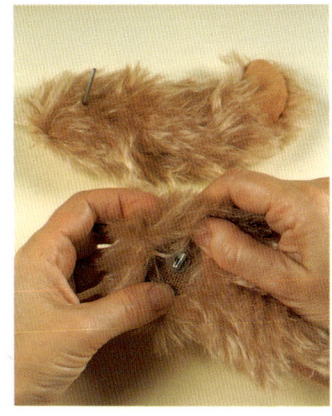

8 | Führen Sie die Unterleg- und Gelenkscheiben ins Innere der Arme und Beine ein und stecken Sie jeweils den zugehörigen Splint, die Schraube oder den Plastikstift durch das vorgestochene Loch nach außen. Verfahren Sie an allen vier Gliedmaßen so.

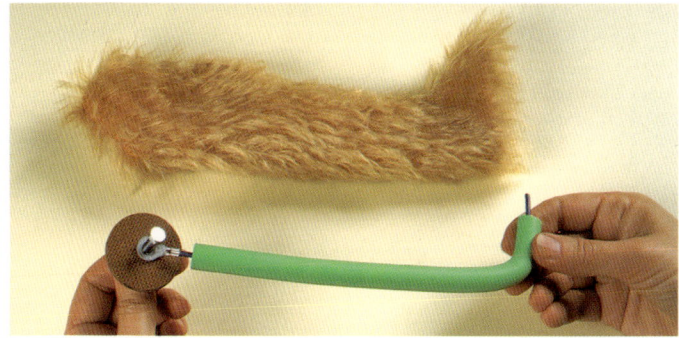

10 | Schieben Sie den Biegestab in den Arm oder das Bein ein; stecken Sie wie üblich die Schraube durch das Loch.

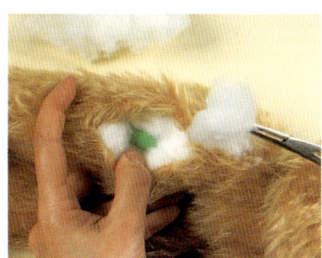

11 | Das Teil wird erst *nach* dem Anbringen der Gelenke am Rumpf gestopft.

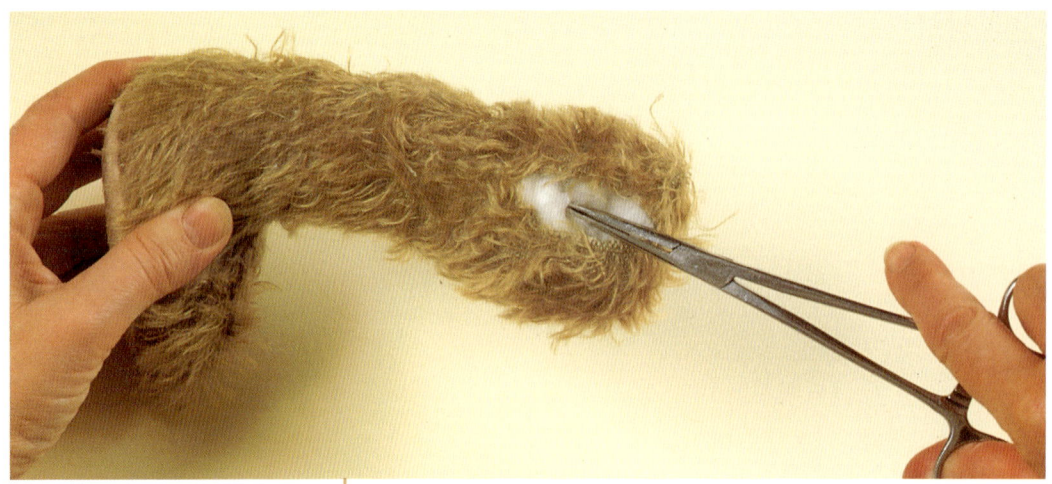

12 Man kann auch die Naht-
öffnungen an Armen und
Beinen weglassen. Zum Wenden
schneiden Sie an der Innenseite
dort einen Schlitz in den Stoff,
wo das Gelenk sitzen soll; dieser
Punkt liegt mittig auf der
Schnittlinie.

14 Stopfen Sie die Gliedmaßen
zuerst mit dem gewählten
Füllmaterial, bevor Sie die jeweiligen Gelenkhälften einsetzen.

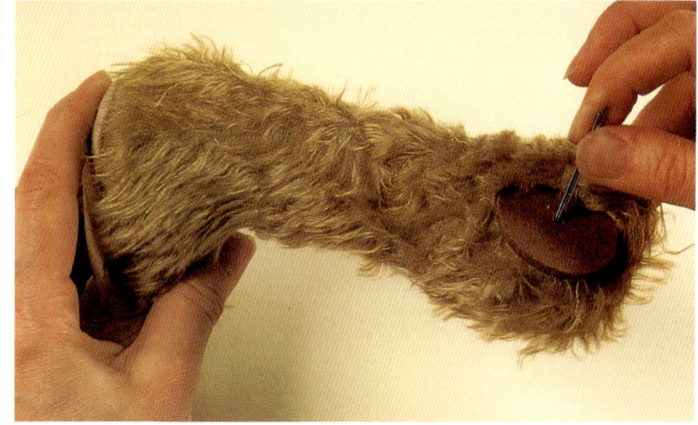

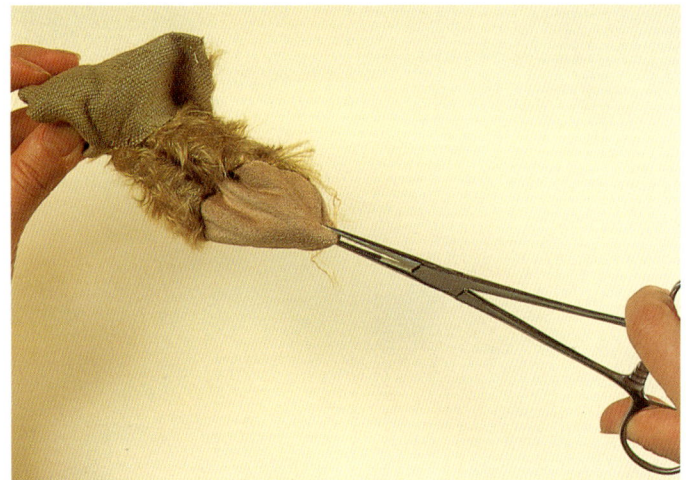

15 Setzen Sie die Gelenkhälften durch den Schlitz in
die Gliedmaßen ein. Nach der
auf dieser Seite beschriebenen
Methode können im Prinzip jedoch nur Splintgelenke eingesetzt werden.

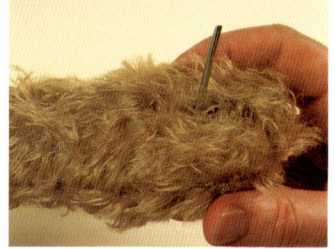

13 Wenden Sie das Teil am
besten mit einer Venen-
klemme vorsichtig auf rechts
(siehe Seite 53).

16 Nähen Sie den Schlitz von
Hand mit festem Garn zu.
Schnittkanten und Naht werden
von den Gliedmaßen verdeckt,
sobald alle Gelenke am Rumpf
befestigt sind.

ZUSAMMENFÜGEN

Sitzen die Gelenkhälften in allen Gliedmaßen, können die Teile zum fertigen Bär zusammengefügt werden. Zuvor müssen die Gelenkpunkte am Rumpf noch einmal überprüft werden, dann bringt man dort die Gelenke fest an.

1 Legen Sie die Teile in „Bärenform" aus, um zu prüfen, ob alle Körperteile vorhanden und richtig mit Gelenken versehen sind. Achten Sie auch auf rechte und linke Arme und Beine. Die restlichen Gelenkhälften liegen bereit.

DAS BRAUCHEN SIE
Zum Schließen der Gelenke
Arme und Beine, mit jeweils
   halben Gelenken
Die anderen Gelenkhälften
Kopf und Rumpf (leer)
Passendes Werkzeug für den
   Gelenktyp

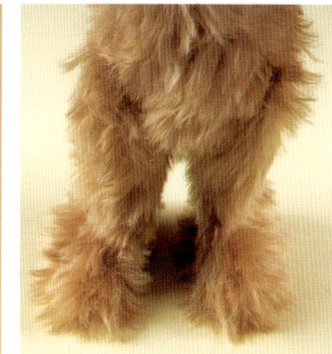

2 Stechen Sie die markierten Löcher am Rumpf durch. Schieben Sie die Gelenkstifte der Beine probeweise hindurch: Zeigen die Füße nach vorn? Berühren die Beine beim Stehen gleichmäßig den Boden? Wenn nicht, korrigieren Sie die Löcher.

3 Setzen Sie den Bären probehalber vorsichtig hin, um zu prüfen, ob die Beine auf gleicher Höhe mit dem Schritt abschließen. Ist das der Fall, können Sie die Gelenke im Innern des Rumpfes richtig fest schließen.

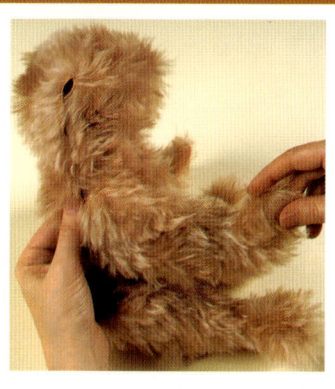

4 Setzen Sie die Arme wie die Beine probeweise an den Rumpf, bis der Bär schöne Schultern hat und nicht in sich zusammengekrümmt aussieht. Sind Sie zufrieden, verbinden Sie die Gelenkhälften fest miteinander.

5 Alle Gelenke des Bären sind nun fest im Körper verankert. Er sieht jetzt noch etwas befremdlich aus, weil er noch nicht komplett gefüllt ist und kein Gesicht hat. Doch er nimmt nun rasch Formen an. Der nächste Arbeitsgang ist das Stopfen.

Bären stopfen

Die Art, wie Sie Ihren Bären stopfen, hat großen Einfluss auf seinen Charakter, außerdem können Sie hier gleichzeitig Ihr künstlerisches Talent spielen lassen. Wählen Sie das Material aus dem breiten Angebot danach aus, wie Ihr Bär wirken soll. Kaufen Sie aber nur gute Qualität, denn die Füllung ist vielleicht sogar wichtiger als der Fellstoff. So mancher Bär wurde schon durch schlechtes Füllmaterial ruiniert.

Verschiedenes Füllmaterial ist erhältlich: zum Beispiel Polyester, Kunststoffgranulat, Holzwolle und Kapok. Für Miniaturbären nimmt man auch Schrotkugeln. Improvisierte Füllungen aus Damenstrumpfhosen oder Baumwolle sind nicht empfehlenswert.

Wählen Sie die Füllung passend für Ihren Bären. Traditionalisten ziehen Holzwolle und Kapok vor; für moderne oder Kinder-Spielzeugbären nimmt man lieber Granulat und Polyester. Eine Neuheit sind mit feinsten Glasperlen gefüllte Bären, doch sie sollten nur als Zierde dienen und deutlich deklariert sein. Glasperlen sind äußerst sorgfältig zu handhaben, denn sie sind feiner als Sandkörner. Damit Sie sie nicht aus Versehen einatmen, tragen Sie stets eine Staubmaske und Handschuhe, damit sie nicht unter die Fingernägel geraten. Schluckt man aus Versehen doch einige Perlen, sollte sofort ein Arzt zu Rate gezogen werden. Außerdem lassen sich verschiedene Füllungen miteinander kombinieren. Beispielsweise ergänzen sich Holzwolle und Polyester, wenn man sie ineinander rupft.

☞
Sicherheit, Seite 8-9

STOPFEN MIT POLYESTER-FÜLLWATTE

Es gibt verschiedene Sorten Polyesterfüllung, seien Sie also wählerisch. Die gebräuchlichste ist hochbauschig und weich. Die Fasern dieses ausgezeichneten Materials werden gekräuselt, damit es leichter und elastischer wird. So nutzt man es vor allem für Stoffpuppen, Tiere und Kinder-Spielzeugbären. Der andere, unbehandelte Füllungstyp bleibt dicht und schwer, also ideal, um damit Bären schön fest zu stopfen. Wählen Sie nur gute Qualität und keine Nebenprodukte oder Industrieabfälle.

DAS BRAUCHEN SIE
Zum Stopfen des Bären
Polyester-Füllwatte
Stopfwerkzeug
Drahtbürste
Bärenkörper, fertig vorbereitet zum Füllen

1 Zupfen Sie nur wenig Watte ab, damit Sie keine Klumpen übersehen. Stopfen Sie am besten immer nur kleine Mengen auf einmal in den Bären. Lassen Sie sich nicht dazu verleiten, zu viel zu nehmen, sonst gibt es Klumpen.

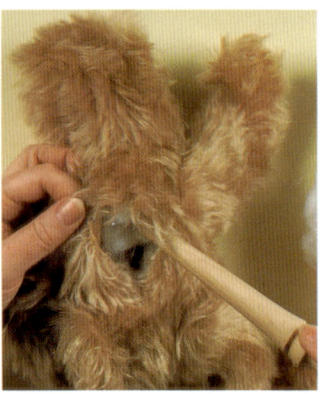

2 Schieben Sie die Füllung mit einem Stopfwerkzeug ins Innere des Bären; so gelangt sie auch in enge Tunnel, die Ihre Finger nicht erreichen, und kann fester angedrückt werden. Ersatzweise kann man auch Kochlöffelstiele nehmen, doch nichts Spitzes wie Stricknadeln oder Essstäbchen, denn die richten Schaden an. Gutes Werkzeug macht die Arbeit gleich viel leichter.

3 Stopfen Sie stets von entfernten Ecken zur Öffnung hin. Tasten Sie dabei das Fell ab, um Lücken und Buckel früh zu erkennen. Vor dem Schließen der Öffnung bürsten Sie mit der Drahtbürste das Fell nach außen.

ÖFFNUNG SCHLIESSEN MIT MATRATZENSTICH

Der Matratzenstich (Leiterstich) ist vielleicht der wichtigste Stich, den Sie zum Bärenmachen brauchen. Er ist später nicht zu sehen, sodass die nach dem Stopfen oder Gelenkeinsetzen geschlossene Öffnung wie die Fortsetzung der Naht erscheint. Weil man die Stiche nicht sieht, ist die Garnfarbe unwichtig. Sieht man doch Fäden, so zeigt das, dass Sie den Matratzenstich nicht richtig gemacht haben. Nehmen Sie unbedingt einen sehr festen Faden, denn er wird beim Nähen kräftig gezogen.

DAS BRAUCHEN SIE
Um Öffnungen zu schließen
Sehr fester Faden
Nähnadel
Schere
Drahtbürste
Gefüllter Bärenkörper, der zugenäht werden soll

1 | Klappen Sie die Nahtzugabenkante am Ende der Öffnung nach außen; nähen Sie einige kleine Stiche in die Zugabe, man soll sie später rechts nicht sehen. Stecken Sie dann die Nadel durch die vorhandene Naht neben der Öffnung nach außen.

2 | Von rechts nach links nähen Sie genau im Abstand der Nahtzugabe (also füßchenbreit, ca. 7 mm) einen kleinen Stich in Fortführung der Naht neben die obere Kante.

3 | Der zweite Stich soll genau gegenüber genäht werden, und zwar auch wieder in Fortsetzung der Naht und mit derselben Nahtzugabe (füßchenbreit, ca. 7 mm).

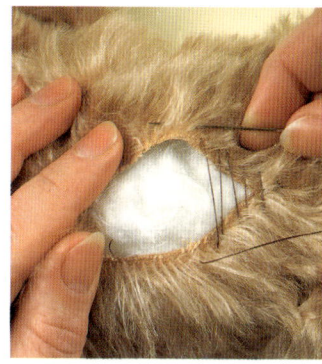

4 | Nähen Sie nun abwechselnd oben und unten diese Stiche. Sind sie korrekt gearbeitet, bilden die Fäden ein Sprossenmuster; daher kommt auch die Bezeichnung „Leiterstich".

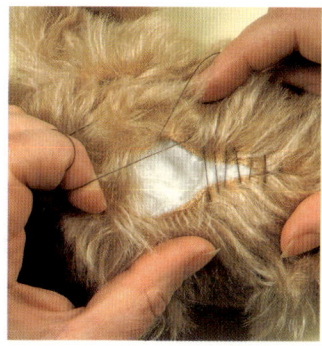

5 | Während Sie den Stoff an beiden Seiten der Öffnung zusammendrücken, ziehen Sie am Faden, bis die Stiche nicht mehr zu sehen sind. Es geht umso leichter, wenn Sie schon nach zwei bis drei Stichen mit dem Ziehen beginnen.

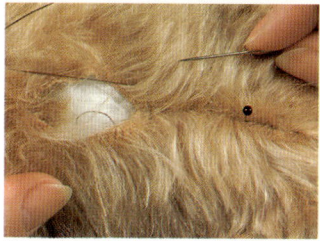

6 | Die Nahtzugaben klappen dabei automatisch nach innen und bilden einen sauberen Abschluss. Nur der Stecknadelkopf (Foto) zeigt die Grenze zwischen Naht und Matratzenstichen. Schließen Sie so die ganze Öffnung.

7 | Vernähen Sie den Faden am Ende mit einigen möglichst kleinen Stichen.

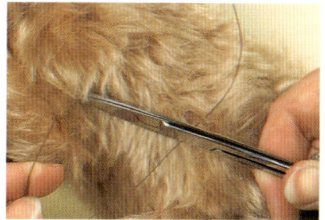

8 | Stechen Sie die Nadel noch einmal ein und ca. 5 cm weiter wieder heraus, bevor Sie den Faden abschneiden. Das gründliche Vernähen verhindert, dass sich die letzten Stiche lösen.

GRANULAT

Granulat aus Kunststoff ist ein wunderbares modernes Füllmaterial. Obwohl es streng genommen nicht zu den traditionell verwendeten Materialien gehört, nimmt man es auch gern für moderne Sammlerbären. Man kann es direkt in die Hohlräume streuen, doch wenn der Bär für Kinder bestimmt ist, muss das Granulat zur Sicherheit vorher in eine dünne Baumwollhülle gefüllt werden. Granulat macht den Bären nicht nur etwas schwerer, sondern kann auch seinen Stil verändern und die Art, wie er sich anfühlt. Wird es lose eingefüllt, wirkt der Bär eher schlaff und knuddelig. Füllt man es kompakt ein, wird der Bär fester und sehr schwer. Ursprünglich stammt dieses Granulat aus der Spritzgusstechnik. Versuchen Sie, Granulat mit feiner Körnung, höchstens reiskorngroß, zu finden, das nicht nach Kunststoff riecht, um die Wirkung des fertigen Bären nicht zu beeinträchtigen.

DAS BRAUCHEN SIE
Für eine Granulatfüllung
Kunststoff-Granulat
Kapok oder Polyester-
    Füllwatte
Stopfwerkzeug
Kleine Röhre
Trichter
Löffel
Genähter Bärenkörper

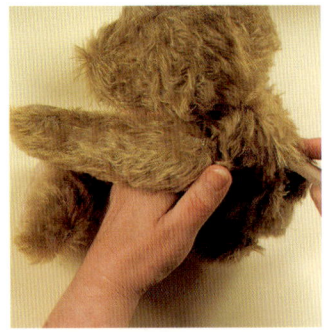

1 | Meist nimmt man Granulat nur für Rumpf und Gliedmaßen; ein damit gefüllter Kopf sieht eher unattraktiv aus. Stopfen Sie im Rumpf zuerst die Schulterpartie mit Füllwatte oder Kapok, um den Bärenkopf gegen das Absacken abzustützen. Verfahren Sie so auch mit dem unteren Rumpfbereich.

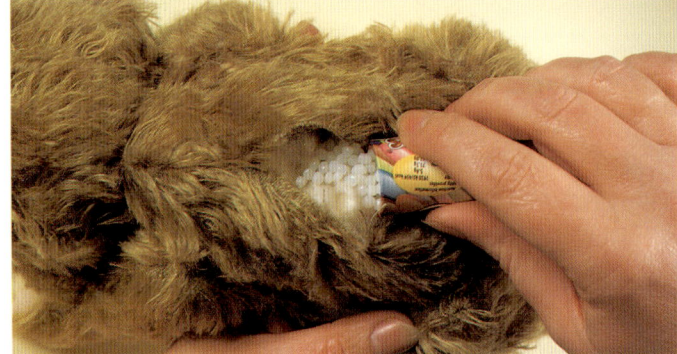

2 | Granulat verbreitet sich gern überall, behalten Sie es also im Auge. Füllen Sie kleine Bären mit Hilfe eines Röhrchens. Man schiebt es einfach weit genug in die Öffnung und streut das Granulat vorsichtig hinein. Arbeiten Sie sich sorgfältig bis zur Stopföffnung im Rücken vor.

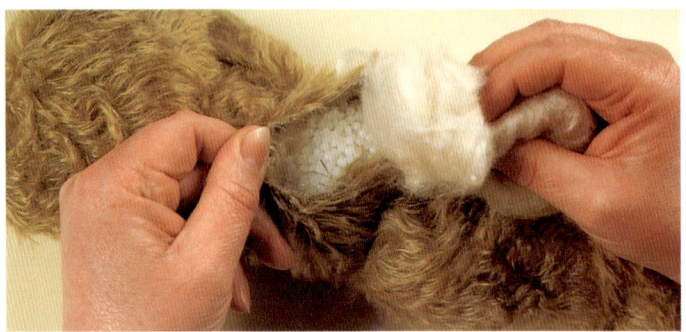

3 | Bevor Sie die Öffnung mit Matratzenstich schließen, bedecken Sie das Granulat mit einem Bausch von der weichen Füllung. So können die Körnchen nicht nach außen quellen, wenn Sie die Stoffkanten zusammenziehen.

4 | Vor dem Füllen der Gliedmaßen stopfen Sie die Pfoten mit Füllwatte oder Kapok. Granulatgefüllte Pfoten sehen nicht schön aus und fühlen sich nicht gut an. Zudem nutzen sie sich schneller ab, gerade bei dünnem Stoff. Granulat lässt sich auch sauber mit Trichter und Löffel einfüllen.

5 | Auch hier legen Sie etwas Füllwatte über die letzte Granulatschicht, bevor Sie die Öffnung zunähen.

MIT HOLZWOLLE STOPFEN

Holzwolle ist das, was schon der Name sagt – Knäuel langer feiner Fasern aus Holz, die an Wolle erinnern. Sie ist ein ausgezeichnetes Füllmaterial, denn man kann sie fest in den Bärenkörper hineinstopfen. Auch heute wird dieses Material weit verbreitet eingesetzt, um Originalkopien alter Bären oder neue im traditionellen Stil herzustellen. Viele Leute, die Sammlerbären anfertigen, bevorzugen solche altmodischen Füllungen. Dennoch eignen sie sich nicht für Kinder-Spielzeug-bären, denn das Material ist leicht brennbar. Alle Körperteile des Bären können mit Holzwolle gestopft werden, aber vor allem für den Kopf ist sie ideal, denn sie erleichtert das Einsetzen von Glasaugen und das Aufsticken der Nase ganz wesentlich.

DAS BRAUCHEN SIE
Zum Füllen mit Holzwolle
Holzwolle
Stopfwerkzeug
Genähter Bärenkörper

1 | Nehmen Sie feine Holzwolle von guter Qualität. Halten Sie sie feucht, aber nicht nass. Wird sie spröde, besprühen Sie sie leicht mit ein wenig Wasser. Lagern Sie sie an einem dunklen Platz in einer Plastiktüte mit Luftlöchern.

2 | Zupfen Sie immer nur wenig auf einmal ab und entfernen Sie grobe Teile. Zwischen den Handflächen rollen Sie die Holzwolle dann zu klei-nen Kugeln.

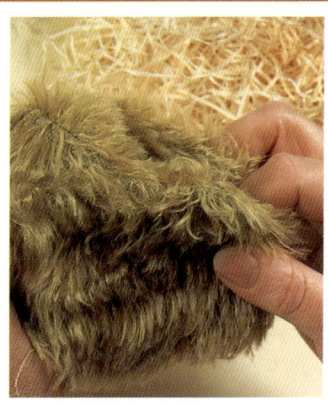

3 | Stecken Sie sie von Hand in den Bären, wo Sie sie in die gewünschte Form bringen können. Für enge Stellen in Armen und Beinen hat sich ein spezielles Holzwolle-Stopfwerk-zeug bewährt.

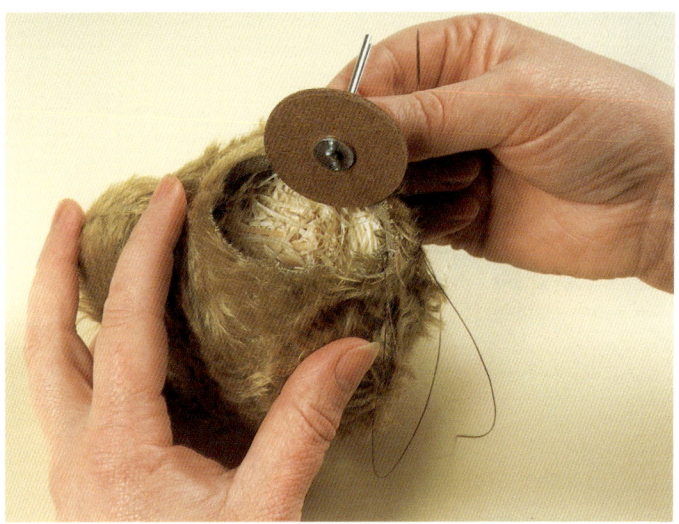

4 | Stopfen Sie den Bären fest in Richtung Öffnung, wobei Sie von außen nach weichen Stellen und Buckeln tasten. Am Ende stopfen Sie weicher, damit sich das Gelenk passgenau einsetzen lässt.

MIT KAPOK STOPFEN

Kapokfasern sitzen zum Schutz der Samenkörner innen an den Schoten des Kapokbaumes. Auch dieses Naturprodukt war schon früher beim Bärenmachen beliebt, weil es preiswert und leicht erhältlich war. Kapok ist sehr feinfaserig und besteht aus Millionen kleinster Partikel; gehen Sie deshalb sorgsam damit um. Weil es so extrem leicht ist und in der Luft schwebt, nehmen Sie niemals zu viel auf einmal zur Hand. Wenn Sie richtig damit umgehen, haben Sie eine Füllung, die Ihren Sammlerbären wirklich aufwertet.

DAS BRAUCHEN SIE
Zum Stopfen mit Kapok
Kapok
Stopfwerkzeug
Genähter Bärenkörper

Beim Umgang mit Kapok sollten Sie eine Staubmaske tragen, vor allem, wenn Sie an Asthma leiden.

1 Wenn Sie eine neue Tüte anbrechen, öffnen Sie sie nie oben, sondern vergrößern Sie eines der kleinen Lüftungslöcher mit dem Finger, bis Sie etwas Kapok zwischen Daumen und Zeigefinger fassen und vorsichtig herausziehen können. Füllen Sie den Bären mit kleinen Flocken, stopfen Sie sie fest und prüfen Sie dabei von außen, dass sich keine Dellen oder Klumpen bilden.

2 Ein Stopfwerkzeug sorgt dafür, dass die Körperteile schön fest werden. Stecken Sie nie zu viel Kapok auf einmal hinein. Arbeiten Sie sich bis zur Stopföffnung vor. Beenden Sie das Füllen so wie bei den anderen Materialien.

BRUMMSTIMMEN UND SPIELUHRENWERKE

Viele Bärenmacher haben Spaß daran, ihrem Bären als Zusatzeffekt eine Stimme zu geben. Für Kinder-Spielzeugbären ist eine Brummstimme ideal. Prüfen Sie beim Kauf, ob sie sich so einsetzen lässt, dass sie später von außen nicht zu fühlen ist. Spieluhrenwerke sollten von guter Qualität sein, mit stabilem Gehäuse und ansehnlichem Schlüssel.

DAS BRAUCHEN SIE
Zum Einsetzen von Brummstimmen und Spieluhrenwerken
Bär, teilweise gefüllt
Brummstimme oder Spieluhrenwerk
Sehr stabiles Garn
Nadel
Schere

1 Füllen Sie den Bärenrumpf nicht ganz mit Kapok oder Polyester-Füllwatte aus. Lassen Sie einen Hohlraum etwa in der Größe der Brummstimme frei. Diese sollte waagerecht eingesetzt werden. Zeigen die Löcher zum Bauch, wird der Bär brummen, sobald er nach hinten geneigt wird. Zeigen sie zum Rücken, ist es umgekehrt. Liegen die Löcher oben, brummt der Bär, sobald Sie ihn auf den Kopf stellen.

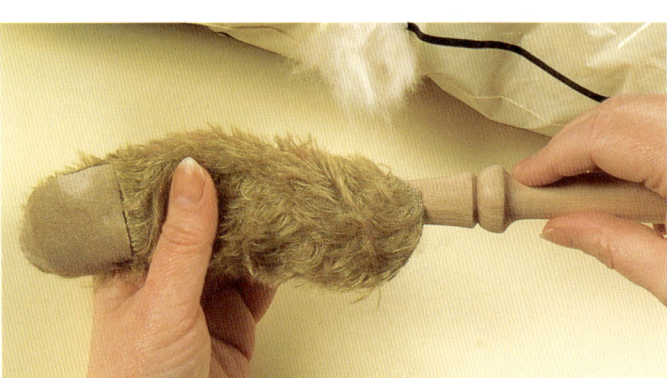

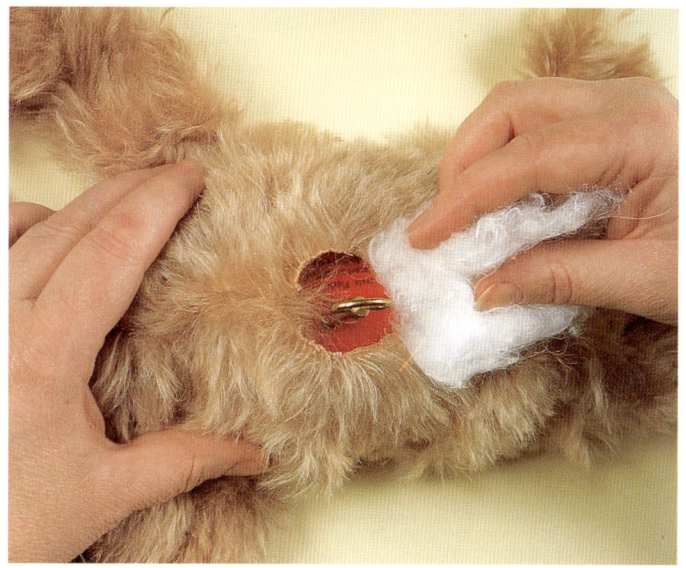

2 Stopfen Sie weitere Füllung um die Brummstimme herum, bis sie ohne Lücken fest darin sitzt. Schließlich polstern Sie sie auch von oben, bevor Sie die Öffnung mit Matratzenstichen schließen.

4 Mit Füllmaterial polstern Sie die Uhr fest ab, auch die Oberseite, bis keine Ecken mehr zu fühlen sind.

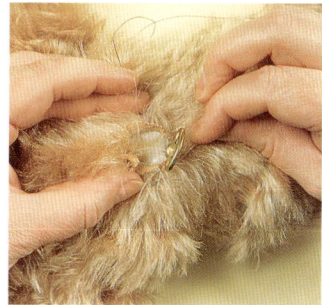

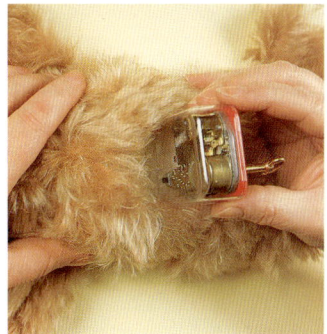

3 Spieluhrenwerke setzt man genauso ein wie Brummstimmen. Formen Sie zuerst den Hohlraum und legen Sie die Uhr so ein, dass der Schlüssel an der Rückennaht hervorschaut.

5 Nähen Sie, in Fortsetzung der Rückennaht, die Stoffkanten mit Matratzenstichen zusammen, sodass der Schlüssel fest an seinem Platz sitzt.

Das Gesicht des Bären

Ein Bär mit Seele und Herz: Für den lebendigen Ausdruck braucht er Augen, Nase, Mund und Ohren, damit er mit der Welt kommunizieren kann.

Augen

Man sagt, Augen seien die Fenster zur Seele. Das trifft nicht nur beim Menschen zu, sondern sogar beim einfachen Teddybären. Augen bestimmen mehr als alles andere den Charakter des Bären und spiegeln seine Stimmung wider. Ein gut gemachter Bär erwidert Ihren Blick, wenn Sie ihn anschauen. Nutzen Sie Ihr künstlerisches Gespür, wenn Sie Farbe und Größe der Augen auswählen; jedes Detail ist für den richtigen Ausdruck Ihres Bären wichtig.

Als die ersten Teddys entstanden, gab es nur wenig brauchbares Material. Tatsächlich hatten viele Bären schwarze Schuhknöpfe als Augen. Die erfüllten ihre Aufgabe so gut, dass sie noch heute populär sind und imitiert werden. Später fertigte man Glasaugen an, meist bernsteinfarben oder kristallklar. In den späten Fünzigern und frühen Sechzigern untersagten neue Gesetze den Einsatz gefährlicher Teddybären-Bestandteile. So machte man lange Zeit nur Spielzeugbären aus Synthetikstoff mit Kunststoffgelenken und -augen; klassische Bären schienen auszusterben. Werden Bären heute mit Glasaugen angefertigt, sind sie als reine Sammlerbären gekennzeichnet. Der neuen Popularität klassischer Bären ist es zu verdanken, dass die Hersteller wieder eine reiche Auswahl schöner Glasaugen in allen Größen anbieten: von 6 mm kleinen schwarzen Augen bis zu 3 cm großen Augen für Riesenbären. Einfarbige schwarze Glasaugen in allen Größen sind am beliebtesten, doch es gibt auch mit Schmelzfarben bemalte Augen in vielen Tönen sowie solche mit schwarzer Pupille und nuancen-

☞
Position, Farbe und Größe der Augen: Beispiele in der Galerie, Seite 120-147

reicher Iris. Natürlich macht man Spielzeugbären immer noch mit Sicherheits-Kunststoffaugen, die es zwar nicht in so vielen Varianten gibt, aber dennoch in ausreichend vielen Größen und Teddyfarben.

Augen sind je nach ihrem Typ unterschiedlich anzubringen. Glasaugen sitzen an Ösen oder an einfachem Draht; Sicherheitsscheiben an Kunststoffaugen verhindern, dass sie sich lösen. Weil schon allein durch die Augenposition der Charakter eines Bären bestimmt wird, ist mit die wichtigste Frage beim Anfertigen Ihres Bären die nach der Lage der Augen, der Augenfarbe und -größe.

DEN DRAHT DER GLASAUGEN VORBEREITEN
Viele Glasaugen besitzen schon Ösen. Andere sitzen jedoch aufgrund des Herstellungsprozesses an geraden Drähten. Oft sind diese etwas preiswerter und in größerer Auswahl vorhanden. Man kann die Ösen leicht selbst herstellen. Gehen Sie aber vorsichtig zu Werke, damit Sie den Draht nicht aus Versehen abbrechen.

DAS BRAUCHEN SIE
Um Glasaugen mit Draht vorzubereiten
Ein Augenpaar mit Draht in der richtigen Größe und Farbe
Spitzzange
Seitenschneider/Kneifzange (falls die Spitzzange nicht schneidet)

1 Es sitzt immer ein Augenpaar an einem Stück Draht. Zum Trennen schneiden Sie mit einer geeigneten Zange den Draht in der Mitte durch.

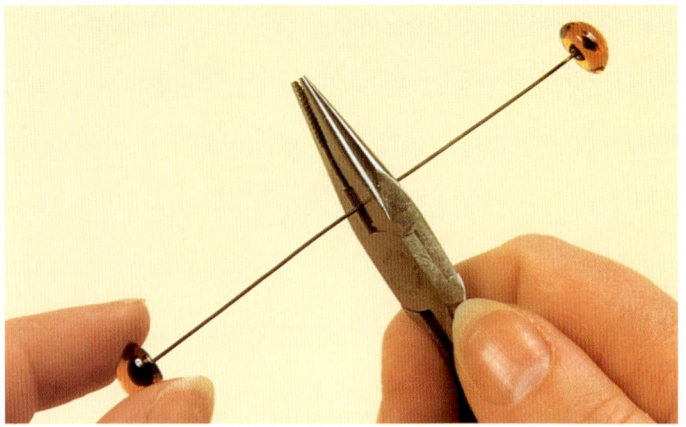

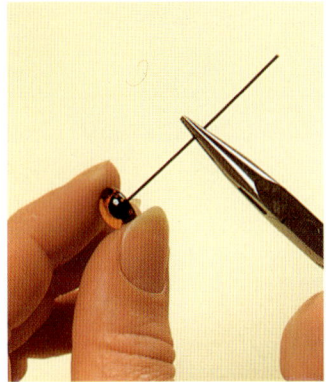

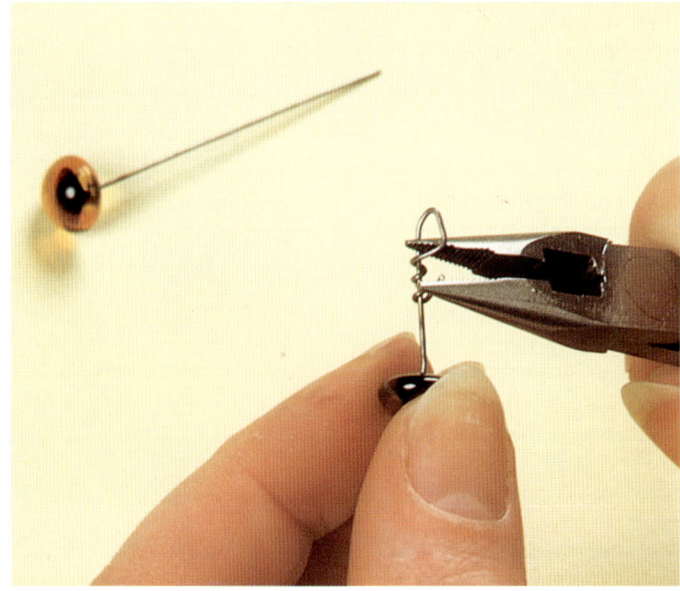

2 | Während Sie das Auge vorsichtig festhalten, setzen Sie die Spitzzange zum Biegen in der Mitte des Drahtstückes an.

4 | Fassen Sie die Biegung mit der Spitzzange; die zweite Hand windet das Drahtende um die andere Hälfte; das Auge lassen Sie los.

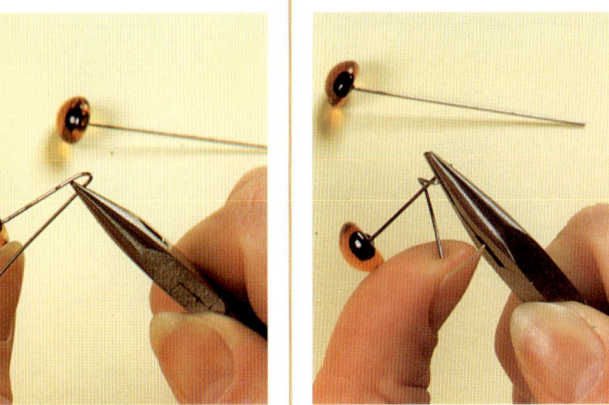

6 | Steht das Ende scharf ab, stecken Sie es mit der Zange vorsichtig hinter die Öse. Ist diese zu groß, drücken Sie sie einfach zu einem kleinen Oval zusammen. Es reicht, wenn man einen Faden hindurchfädeln kann.

3 | Biegen Sie den Draht auf das Auge zu, es soll eine U-Form entstehen.

5 | Winden Sie den Draht ganz um die andere Hälfte herum. Wickeln Sie ihn aber so dicht, dass die Windungen nicht bis ans Glasauge reichen; es muss ein Abstand von mindestens 5 mm bleiben. Berührt die letzte Windung dennoch das Auge, kann es durch den Druck plötzlich abspringen.

GRUNDTECHNIK: GLASAUGEN ANNÄHEN

Beim Annähen von Glasaugen benutzt man sehr festes Garn. Der starke Zug am Faden sorgt dafür, dass beim Befestigen der Augen zugleich das Gesicht geformt und die Augen eingepasst werden und nicht lose aufsitzen. Üblicherweise werden die Fäden für die Augen am Hinterkopf vernäht, wo man die unausweichlichen Dellen verbirgt. Wir stellen hier auch alternative Methoden vor. Der wichtigste Schritt beim Anbringen der Augen ist das Festlegen ihrer Position. Beim Menschen sitzen die Augen auf Höhe der Nasenwurzel, weshalb uns zu weit oder zu hoch sitzende Augen beim Bären „falsch" vorkommen, weil wir uns automatisch an der Norm orientieren. Wo man die Augen beim Bären anbringt, ist eine Sache der persönlichen Vorliebe; manche Augen sitzen sehr nahe beieinander auf den Kopfnähten, andere eher an den Seitenteilen des Kopfes. Diese Entscheidung ist Ihrer Kunstfertigkeit überlassen und prägt die Individualität Ihres Bären.

DAS BRAUCHEN SIE
Um Glasaugen anzunähen
Sehr stabiles Garn
Lange Nadel
Spitze Schere oder Ahle
Glasaugen, in passender
   Farbe und Größe
Gefüllter Bärenkopf
Reißzwecken
Normale Nähnadel

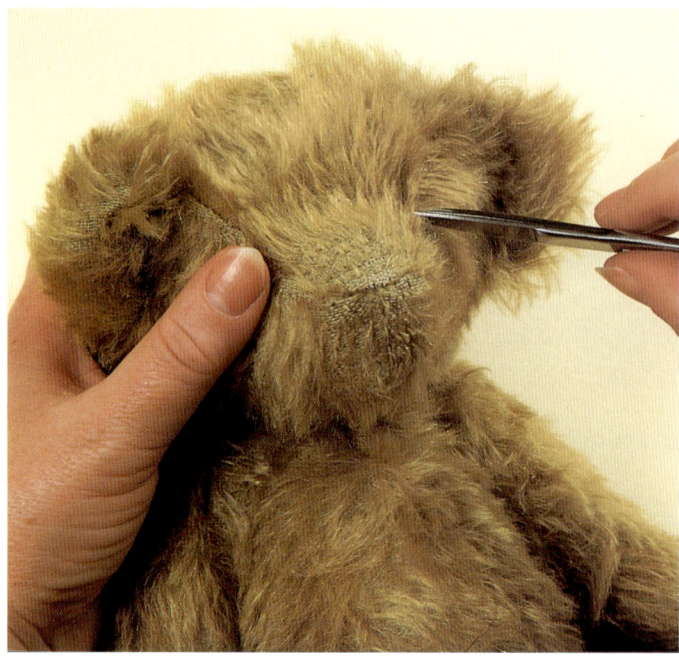

1 | Finden Sie die Position für die Augen durch leichtes Zusammendrücken der Bärennase heraus; der sich bildende Knick zeigt an, auf welcher Höhe die Augen sitzen sollten. Prüfen Sie mit Reißzwecken die richtige Position. Prüfen Sie die Lage aus verschiedenen Blickwinkeln. Stechen Sie mit einem spitzen Werkzeug die zwei Löcher in den Stoff. Machen Sie sie groß genug, damit die Drahtösen hineinpassen, aber nicht so weit, dass die Augen durch das Gewebe in den Bären hineingezogen werden können. Sind Sie unsicher, welche Augenfarbe und -größe zu Ihrem Bären passen, probieren Sie in diesem Stadium einfach mehrere Varianten aus.

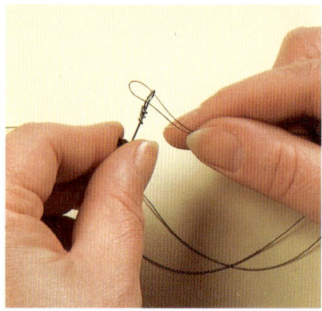

2 | Legen Sie ein Stück stabiles Garn doppelt zusammen. Stecken Sie die Fadenschlinge durch die Drahtöse eines Glasauges.

3 | Die zwei Enden des Fadens führen Sie durch die Fadenschlinge. Nach festem Anziehen des Fadens löst sich das Glasauge nicht mehr.

4 | Nehmen Sie eine Nadel, die lang genug ist, dass sie bequem durch den Kopf passt und gleichzeitig an beiden Enden sicher gehalten werden kann. Fädeln Sie den Faden mit dem Auge daran in die Nadel ein und stechen Sie sie durch das vorbereitete Loch, bis sie am Genick wieder herausschaut. Ziehen Sie die Nadel ganz durch und entfernen Sie sie. Ziehen Sie dann an den beiden Fadenenden, bis das Auge richtig am Kopf sitzt.

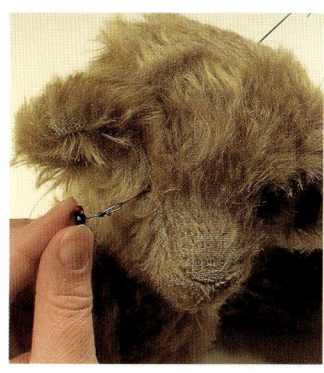

5 | Mit dem zweiten Auge verfahren Sie genauso; dabei muss die Nadel dicht neben den ersten Fäden herauskommen, aber nicht exakt an derselben Stelle. Testen Sie, ob die Augen frei beweglich sind, wenn Sie an den Fäden ziehen. Halten Sie ein Auge in einer Hand und seinen Doppelfaden in der anderen; beim Hinundher-ziehen des Fadens darf kein Widerstand spürbar sein.

6 | Drehen Sie den Bären herum, um die beiden Doppelfäden zunächst nur einmal miteinander zu verschlingen.

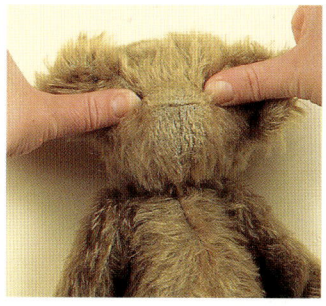

7 | Wenden Sie den Bären wieder zurück. Ziehen Sie nun hinten an den Fäden, wobei Sie zugleich vorn mit den Daumen auf die Augen drücken. Das entlastet das Glas, während gleichzeitig die Augen fest genug nach innen gezogen sind. Sichern Sie dann die Fäden in dieser Position hinten mit weiteren Knoten.

8 | Fädeln Sie zwei der Faden-enden in eine normale Nähnadel ein, stechen Sie direkt neben den Knoten in den Stoff und in einer Kopfnaht wieder nach außen. Nach einigen kleinen Steppstichen stechen Sie wieder ein und 5 cm weiter wieder heraus, um erst dort die Fäden abzuschneiden. Ohne dieses Vernähen könnten sich die Knoten und die Augen lösen. Sichern Sie auch beide anderen Fadenenden.

ALTERNATIVE METHODEN FÜR DIE AUGEN

Hat der Bär ein sehr kurzes Fell, wollen Sie sicher eine Delle am Genick vermeiden, da sie hier leicht auffällt. Auch kann das Durchstechen der Nadel bei einer festen Füllung in einem großen Kopf schwierig sein. Oder Sie haben keine genügend lange Nadel zur Hand. In diesen Fällen sollte man andere Stellen zum Fixieren der Augenfäden suchen.

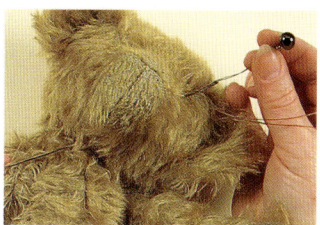

1 | **Vernähen unterm Kinn**
Befolgen Sie die Grund-technik-Schritte 1-4, doch stechen Sie dabei unterm Kinn des Bären wieder nach außen. Das zweite Glasauge bringen Sie genauso an.

2 | Verknoten Sie die Faden-enden einmal und ziehen Sie sie straff, wobei Sie auf die Augen drücken, damit sie fest sitzen. Zum unsichtbaren Ver-nähen (Schritt 8) nehmen Sie nun die Naht unterm Kinn.

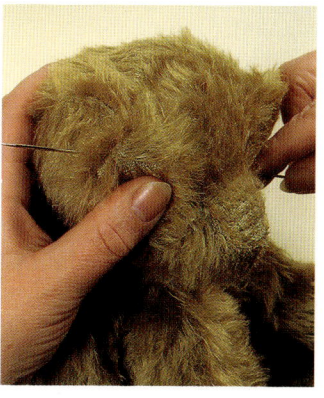

1 | **Vernähen hinterm Ohr**
Befolgen Sie die Grund-technik-Schritte 1-4, doch führen Sie die Nadel für das erste Auge diagonal hinter dem Ohr gegenüber heraus und beim zweiten Auge gegengleich.

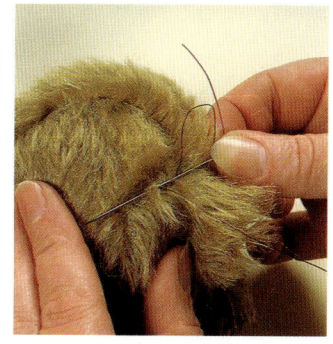

2 | Nun steht je ein Doppel-faden hinter den Ohren heraus. Nähen Sie mit einem Einzelfaden einen kleinen Stich, um sie zu trennen. Ziehen Sie fest an diesen zwei Fäden, wobei Sie wieder auf das betreffende Auge drücken. Verknoten und vernähen Sie die Fäden wie zuvor, bevor Sie sich dem zweiten Auge in der gleichen Weise widmen.

GLASAUGEN BEMALEN

Bei der großen Farbauswahl für Fellstoffe, die der Markt heute bietet, ist es oft schwer, Augen in der passenden Schattierung zu finden, die dem Bären wirklich stehen. Eine Möglichkeit, um dieses Problem zu lösen: Bemalen Sie sie doch einfach selbst. Mit Kristallglasaugen und Acrylfarben finden Sie leicht eine befriedigende Lösung.

DAS BRAUCHEN SIE

Um Augen zu bemalen

Kristallglasaugen in der richtigen Größe
Acrylfarben
Pinsel
Palette
Spachtel zum Mischen
Spitzzange zum Halten drahtloser Augen

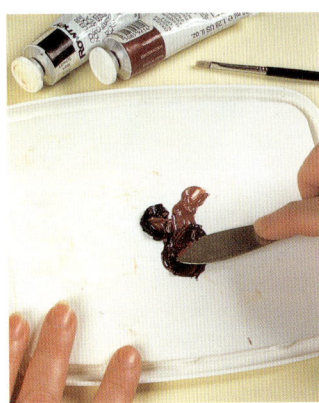

1 Nehmen Sie die Farbe direkt aus der Tube oder mischen Sie sich den gewünschten Ton auf der Palette aus zwei bis drei Farben.

2 Am besten lassen sich Augen auf Draht bemalen; Ösen hingegen halten Sie bei der Arbeit mit einer Zange fest. Malen Sie mit feinem Pinsel von innen allmählich nach außen. Drehen Sie das Auge dabei weiter.

3 Drehen Sie die Augen zu sich und achten Sie darauf, dass beim Malen von innen nach außen keine Stelle frei bleibt. Lassen Sie sie an einem sicheren Platz trocknen. Danach nähen Sie sie wie gewöhnliche Glasaugen am Bären fest.

STOFF ALS AUGENHINTERGRUND

Haben Ihre Bärenaugen zwar die richtige Farbe, sollen aber dunkler werden, unterlegt man sie einfach mit einem dunklen Stoffstückchen. Am besten eignen sich nicht fransende Sorten wie Filz oder Velours in dunklerer Nuance als die Irisfarbe, aber nicht unbedingt im selben Farbton. Zum Beispiel wird mit einem dunklen Braun ein lavendelfarbenes Auge tiefviolett.

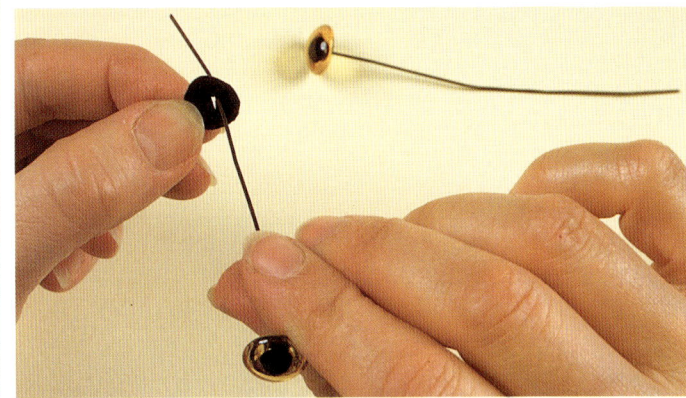

1 Schneiden Sie zwei Stoffkreise in derselben Größe, aber dunkler als die Augen aus. Stechen Sie sie in der Mitte mit scharfer Schere ein. (Für Augen mit Ösen muss das Loch etwas größer eingeschnitten werden.) Schieben Sie den Draht durch das Loch.

DAS BRAUCHEN SIE

Für einen Augenhintergrund aus Stoff

Ziemlich dunkler, nicht ausfransender Stoff
Ein Paar heller, farbiger Augen
Kleine spitze Schere

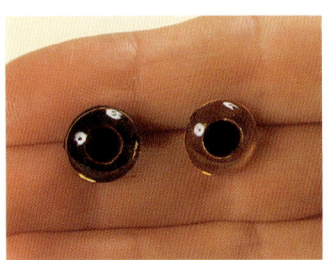

2 Prüfen Sie, dass der Stoff außen nicht übersteht und wie dunkel das Auge vor dem Stoffhintergrund wirkt. Beim Annähen der Augen halten Sie die Kreise in der richtigen Position fest.

SICHERHEITSAUGEN

Für Kinder-Spielzeugbären sind Sicherheitsaugen nötig. Die verwendeten Bestandteile müssen die Sicherheitsbestimmungen des jeweiligen Landes erfüllen. Die Augen werden von Schließscheiben gehalten oder mit von hinten aufgedrückten Kunststoffscheiben gesichert. Dafür muss die Augenpartie beidseitig zugänglich sein. Da es jedoch schwierig ist, bei ungefülltem Kopf die Position akkurat zu markieren und Löcher zu stechen, sehen die Augen später oft etwas schief aus. Um das bei dennoch guter Stabilität zu verhindern, empfehlen wir die folgende Methode.

DAS BRAUCHEN SIE
Um Sicherheitsaugen anzubringen

Sicherheitsaugen in passender Farbe und Größe
Ungefüllter Bärenkopf
Füllung, für Kinder-Spielzeugbären geeignet
Ahle oder spitze Schere
Pressholz für Gelenke oder eine Garnspule

1 | Füllen Sie den Bärenkopf fest mit dem gewählten Material, wobei besonders die Schnauze gut und nicht zu locker ausgestopft sein muss.

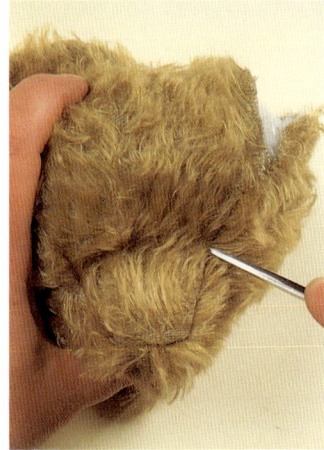

2 | Um die Augenpositionen festzulegen, drücken Sie die Bärennase leicht zusammen, damit sich die Nasenwurzel abzeichnet, wie schon bei den Glasaugen erklärt. Stechen Sie mit Ahle oder spitzer Schere zwei Löcher dort ein, wo die so gefundene Augenlinie das Kopfmittelteil trifft. Machen Sie die Löcher nicht zu groß: Teilen Sie die Gewebefäden anstatt sie zu zerschneiden. Gerade bei Sicherheitsaugen ist nicht zu befürchten, dass sie sich einfach lösen.

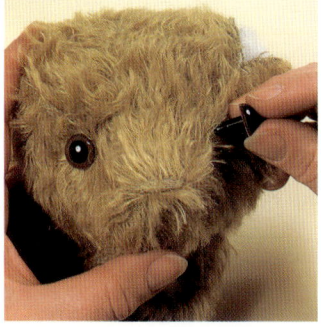

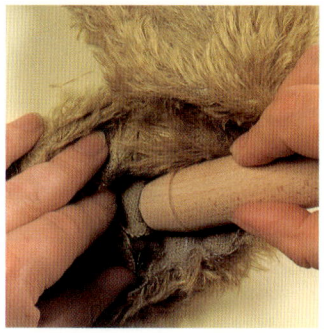

3 | In dieser Phase können Sie größenmäßig und farblich verschiedene Augen testen, bis Sie die schönsten gefunden haben. Dann entfernen Sie die Füllung wieder.

5 | Mit einem Pressholz oder einer harten Garnspule drücken Sie die Teile von innen so weit wie möglich auf den Stift. Nach dem Stopfen sitzen die Augen richtig.

4 | Schieben Sie die Augenstifte von außen durch die Löcher in den Bärenkopf. Von innen stecken Sie die zugehörigen Schließscheiben aus Metall oder Kunststoff darauf, damit die Augen in Position bleiben.

Nasen

Traditionelle Bärennasen sind in verschiedensten Formen und Größen, meistens schwarz oder braun gestickt; doch feste Regeln gibt es hier nicht. Ob Sie eine zum Mohairfell passende Farbe wählen oder sogar mehrfarbig sticken, ist ganz Ihrer Fantasie überlassen. Sie werden sehen: Beim Entwerfen einer Nase für Ihren Bären werden Sie viel Spaß haben.

Manche behaupten, dass es zwei Tage dauert, um den Bärenkörper anzufertigen, und zwei weitere, um die Nase zu sticken. Das sollte Sie aber nicht vom Sticken traditioneller Bärennasen abhalten, sondern Ihnen nur verdeutlichen, dass so etwas Zeit und Übung erfordert. Wichtig ist das richtige Werkzeug: Ohne spitze Nadel und bestes Garn wird diese Aufgabe gleich viel schwieriger.

Man stickt mit einem einfachen Plattstich (Satinstich) lange gerade Stiche dicht nebeneinander über die Nasenfläche, sodass der Fellstoff nicht mehr durchscheint. Um das zu erreichen, kürzen Sie vorher den Flor an der zu bestickenden Stelle oder rupfen ihn ganz aus.

DIE SCHNAUZE Ein Bär kann durch die Rasur der Schnauze ganz verschieden aussehen, je nachdem, ob wenig, viel oder sogar das ganze Fell abgenommen wird. Durch geschickten Rückschnitt formen Sie die Gesichtszüge, bestimmen Alter und Geschlecht Ihres Bären. Auch Experimente mit anderen Materialien, wie beispielsweise Leder, sind denkbar.

Ganz wichtig ist der Untergrund. Die Schnauze muss fest und mit guter Füllung gestopft sein. Am besten eignet sich Holzwolle. Doch wenn nicht der ganze Bärenkopf damit gefüllt werden soll, verwenden Sie Holzwolle nur für die Schnauze, für den Rest des Kopfes hingegen Polyester-Füllwatte. Die Nähte sollten akkurat gearbeitet sein. Sind diese Bedingungen erfüllt, ist das Sticken der Nase schon gleich viel einfacher. (Wie man das Kopfmittelteil einsetzt: siehe Seite 36-37.)

DIE SCHNAUZE RASIEREN

Viele scheuen davor zurück, das Fell zurückzuschneiden, aber wenn man es langsam und sorgfältig macht, kann eine Rasur das Aussehen Ihres Bären nur aufwerten. Verwenden Sie unbedingt eine scharfe spitze Schere. Schneiden Sie immer nur wenig auf einmal ab, wobei Sie den Ansatzwinkel der Schere zwischendurch verändern, damit es keine Streifen gibt. Beginnen Sie oben damit, nur wenig von der Florlänge zu kürzen, und rasieren Sie so die gesamte Fläche. Schneidet man von Anfang an zu tief, kann man das später nicht mehr ausgleichen. Soll die Schnauze eher kahl rasiert sein wie bei vielen alten Teddymodellen, können Sie die Fasern auch auszupfen.

1 Eine scharfe spitze Schere ist das beste Werkzeug, wenn Sie nur den kleinen Bereich für eine sauber gestickte Nase rasieren wollen. Schneiden Sie, so gut es geht, den Flor gleichmäßig zurück. Achten Sie darauf, dass später keine langen Fasern aus der Nasenfläche herauskommen können. Am besten rupfen Sie sogar den Flor mit einer Pinzette ganz heraus.

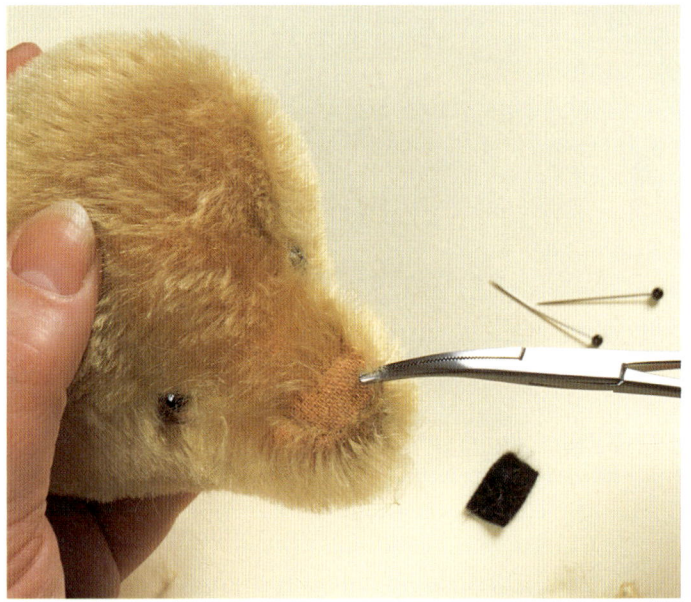

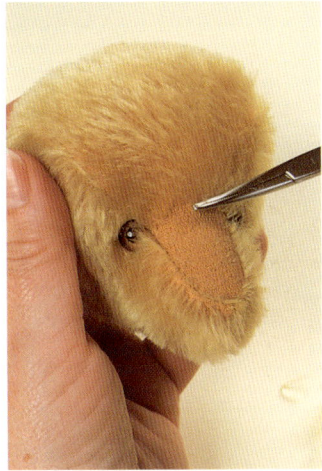

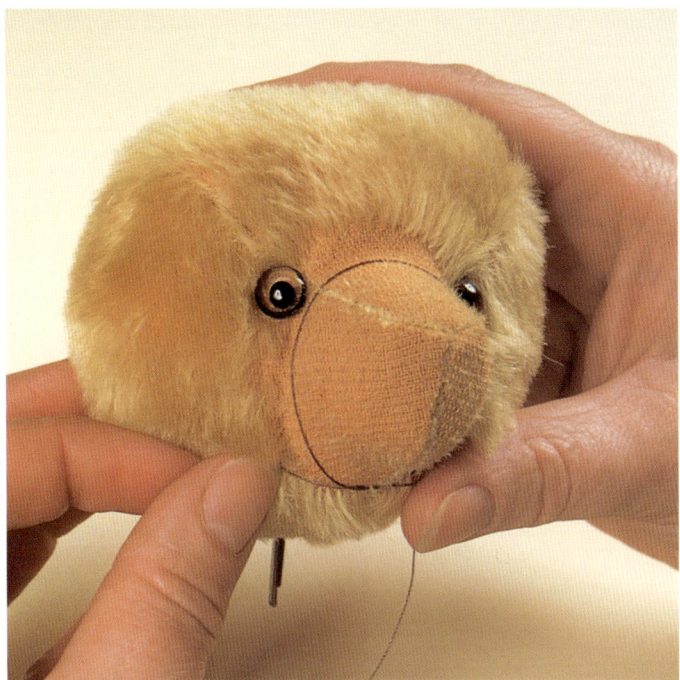

4 | Wenn Sie den Flor auch an den Seitenpartien entfernen, bekommt das Gesicht eine saubere, klare Ausstrahlung, die die Augen am besten zur Geltung bringt. Mit einem Faden, den Sie um die Schnauze herum legen, können Sie prüfen, ob die Fläche gleichmäßig begrenzt ist. Denn wenn Sie so viel wegrasieren, sollte schließlich alles sehr akkurat aussehen.

2 | Greifen Sie beim Zupfen mit der Pinzette nie zu viele Fasern auf einmal. Halten Sie den Kopf gut fest und zupfen Sie partieweise weiter. Nehmen Sie aber nicht das Gewebe, sonst entstehen Löcher; am besten spannen Sie den Stoff vor dem Ansetzen der Pinzette. Bei manchen Bären ist nur die Oberseite der Schnauze rasiert.

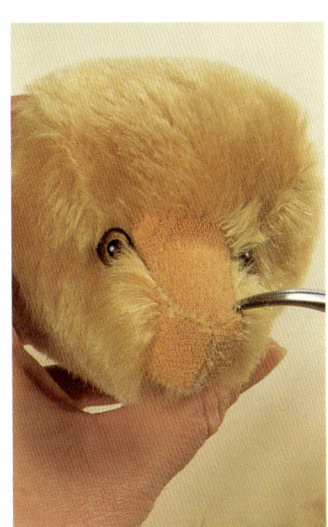

3 | Wenn Sie das Fell vorn am Kinn zusätzlich rasieren, entsteht ein Backenbart-Effekt. Der wichtigste Faktor für eine schön rasierte Schnauze ist die gut genähte Form: Achten Sie schon beim Nähen unbedingt darauf, dass sich beide Kopfseitenteile wirklich vorn in der Mitte des Kopfmittelteils treffen. Jegliche Abweichungen werden sichtbar, sobald das Fell zurückgeschnitten ist.

DIE NASE STICKEN

Sticken Sie die Bärennase mit langen waagerechten oder senkrechten Stichen auf. Legen Sie zuerst den auszufüllenden Bereich fest. Man kann die Nase mehrlagig aufbauen, um sie plastischer zu formen. Kleine Ungenauigkeiten lassen sich durch das Übereinandersticken beispielsweise im nächsten Arbeitsgang wieder wettmachen. Sollte nach der letzten Lage die Oberkante etwas ausgefranst wirken: Keine Sorge, man kann sie wieder begradigen und ihr damit einen letzten professionellen Schliff geben.

DAS BRAUCHEN SIE

Zum Sticken der Nase

Gestopfter Bärenkopf
Stickgarn (Baumwollperlgarn) oder Nasengarn in Schwarz oder Braun
Spitze Stick- oder Stopfnadel oder Bärennadel mit großem Öhr
Scharfe spitze Schere
Bunte Glaskopf-Stecknadeln
Nasenschablonen, aus Filz oder schwarzem Papier

---

1 | Bestimmen Sie zuerst Größe und Form der Nase. Schneiden Sie zum Ausprobieren Variationen aus schwarzem Papier oder Filz aus. Stecken Sie sie mit Stecknadeln an dem Bären fest, bis Sie sich für eine passende Größe und Form entschieden haben. Rasieren Sie dann das Fell ganz nach Wunsch an der Schnauze, wie zuvor erklärt wurde.

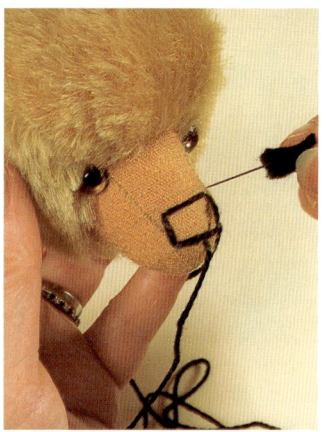

2 | Fädeln Sie das Garn in die Nadel ein. Stechen Sie sie seitlich in die Schnauze und genau dort wieder heraus, wo vorn die Kinnnaht die Mitte des Kopfmittelteils trifft. Mit Hilfe der Schablone umsticken Sie von hier aus den Nasenbereich zum Markieren einmal. Danach stechen Sie den Faden wieder an der zuvor erwähnten Mitte heraus.

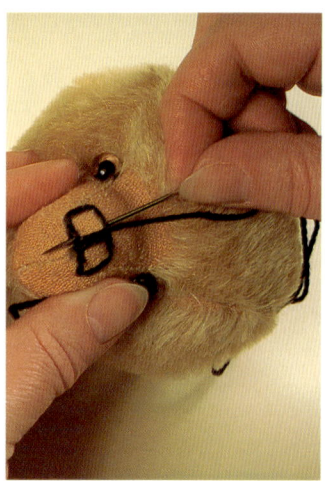

3 | Stechen Sie am oberen Nasenrand in der Mitte ein und unten neben dem ersten Faden wieder aus. Ziehen Sie ihn nicht straff, sondern nur so, dass er flach auf dem Stoff aufliegt. Füllen Sie eine Nasenhälfte ganz aus (die Umrandung dabei überstickend).

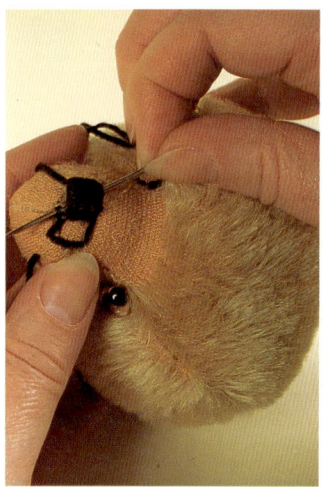

4 | Nach dem letzten Stich führen Sie die Nadel am Mittelpunkt wieder heraus.

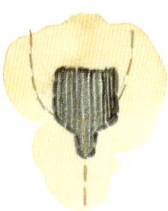
Traditionell

Steiff-Bären-Stil

Zeitgenössischer Stil

Gestreckte Form

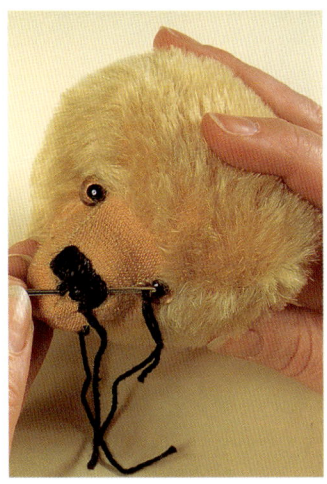

5 | Sticken Sie die andere Hälfte genauso aus. Ziehen Sie den Faden nicht zu stark, sonst bilden sich Schlaufen. Stechen Sie zum Schluss in der Mitte heraus, um sich dem Mund zu widmen.

7 | Wirkt die obere Nasenlinie jetzt etwas ausgefranst, begradigen Sie sie, indem Sie, bevor oder nachdem Sie den Mund fertig stellen, einfach einen langen Stich oben über den Nasenrand sticken.

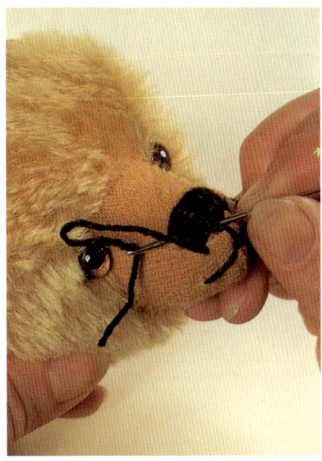

6 | Eine Nase mit spitzen Nasenflügeln versehen Sie beidseitig mit langen senkrechten Stichen, bevor Sie wieder in der Mitte herausstechen.

NASEN AUS LEDER

Obwohl Nasen üblicherweise gestickt sind, ist es schön, irgendwann eine Alternative auszuprobieren. Nasen aus feinem Leder, mit ihrem matten Glanz und der runden Form, können sehr reizvoll wirken. Sie sind aber leichter an großen Bären anzubringen, die hier erforderliche Technik eignet sich nicht gut für kleine Maßstäbe. Den Mund sticken Sie in gewohnter Weise vorher oder nachher auf (siehe dazu Seite 78-79).

DAS BRAUCHEN SIE
Für eine Nase aus Leder

Feines Handschuhleder
Schablonen aus schwarzem
    Papier oder Filz
Scharfe spitze Schere
Nähnadel für Leder
Sehr stabiles Garn
Stecknadeln
Etwas Polyester-Füllwatte
Pinzette

1 | Wählen Sie Größe und Stil der Nase mit Hilfe einer Schablone aus, so wie bei der gestickten Nase gezeigt.

2 | Schneiden Sie das Leder etwas größer zu; stecken Sie es mit zwei dünnen Stecknadeln an der Schnauze fest.

3 | Vernähen Sie den Anfang eines stabilen Fadens an einer Stelle unter der Nase, die später nicht zu sehen ist. Dann nähen Sie die Nase mit kleinen Matratzenstichen an, wobei Sie stets zuerst ins Leder, dann in den Stoff stechen.

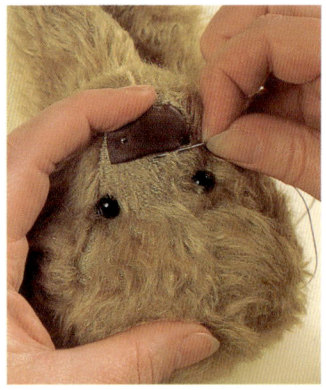

4 | Die Matratzenstiche sollten im Leder ca. 5 mm von der Kante entfernt verlaufen, damit diese sich beim Anziehen des Fadens nach innen legt und für einen glatten Abschluss sorgt. Nähen Sie die Nase bis auf eine kleine Öffnung ringsum fest; entfernen Sie die Stecknadeln.

5 | Mit einer Pinzette schieben Sie etwas Füllwatte unter das Leder. Formen Sie eine schöne Rundung, aber stopfen Sie sie nicht zu voll.

6 | Nähen Sie bis zum Anfang der Naht weiter. Nach einigen winzigen Steppstichen führen Sie den Faden 5 cm neben der Nase heraus und schneiden ihn ab.

SICHERHEITSNASEN

Für Kinder sind gestickte Bärennasen genau das Richtige, wenn
Sie ganz nach unserer Anleitung
vorgehen. Man kann sie leicht in
so vielen Variationen gestalten,
dass sie sich für alle Bärentypen
eignen. Es gibt aber auch Sicherheitsnasen, die mit einem
Schließring angebracht werden,
ähnlich wie Sicherheitsaugen.
Dennoch: Während Sicherheitsaugen oft nicht von Glasaugen
zu unterscheiden sind, weichen
Sicherheitsnasen häufig so deutlich von traditionell gestickten
oder aus Leder gefertigten Bärennasen ab, dass sie kaum
verwendet werden. Wollen Sie
einmal eine anbringen, sollten
Sie sie vorher durch Beziehen
mit Leder attraktiver gestalten.
(Sicherheitsaugen, siehe Seite 71).

1 Fertigen Sie eine Papier-
schablone anhand der
Sicherheitsnase an, jedoch mit
einem Rand von zusätzlichen
1,3 cm. Schneiden Sie diese
Form dann aus feinem Leder
aus. An der spitzesten Stelle
legen Sie sie in zwei Falten, die
beide zur Mitte zeigen und sich
unten überlappen. Mit Nadel und
Faden, zuerst von hinten ein-
stechend, sichern Sie diese
Falten, um die Nase in die richtige Form zu bringen.

3 Stülpen Sie diesen Lederbezug über die Sicherheitsnase; ihre spitzeste Stelle liegt
dort, wo sich die Falten treffen.
Ziehen Sie den Faden fest an
und um den Stift der Nase
herum. Nähen Sie kreuz und
quer über die gekräuselte Kante.
Vernähen und verknoten Sie den
Faden und schneiden Sie ihn ab,
wenn das Leder sicher und straff
über der Kunststoffgrundform
sitzt.

4 Nun sieht die Nase eher
wie die eines Bären aus
und nicht wie ein Stück Plastik.
Befestigen Sie die Nase am
Bären nach der Anleitung für
Sicherheitsaugen. Beachten Sie,
dass sie genau dort sitzen muss,
wo die vordere Spitze des
Kopfmittelteils auf die Naht
unterm Kinn trifft.

DAS BRAUCHEN SIE
Für eine Sicherheitsnase
Dreieckige Kunststoff-
  Sicherheitsnase
Etwas Papier
Kleines Stück feines
  Handschuhleder in
  Schwarz oder Braun
Nähnadel für Leder
Stabiles Garn

☞
**Kunststoff-
Sicherheitsaugen, Seite 71**

2 Mit derselben Nadel und
stabilem Garn nähen Sie
eine Vorstichreihe, ca. 6 mm
vom Rand entfernt, rund um
diesen Lederbezug für die Nase.
Dabei dürfen sich die zwei
Falten nicht verschieben oder
öffnen. Ziehen Sie den Faden
vorsichtig etwas an.

Münder

Der Mund prägt den Ausdruck des Bären und verstärkt die Wirkung, die schon von Augen und Nase ausgeht. Einfache lange Stickstiche machen dies möglich. Ob der Bär glücklich oder traurig, freundlich oder aufgeregt ist, hängt allein von den Winkeln der verwendeten Stiche ab.

Es gibt zwei Haupttypen von Bärenmündern: Der erste zeigt die beliebte Anker-Form; beim zweiten bilden zwei Linien ein umgedrehtes „V" von der unteren Nasenmitte aus. Schon allein durch die Länge und den Winkel der Stiche können Sie den Ausdruck problemlos variieren, wie unten gezeigt ist. Zum Beispiel lässt sich ein unglücklicher Ausdruck durch gerade Linien erzeugen. Viele Bärenmacher experimentieren gern mit der Mundform, um Ihrem Bären einen einzigartigen charaktervollen Ausdruck zu geben.

| Umgedrehtes „V" | Unglücklich | Lächeln („Anker-Form") | Charaktervolle Variante |

DEN MUND STICKEN

Der Mund aus dem umgedrehten „V" ist sinnvoll, wenn die vordere Naht der Kopfseitenteile nicht genau in der Mitte sitzt. Wenn Sie diese Naht einfach mit dem Stich für die eine V-Hälfte übersticken und die andere Seite gegengleich arbeiten, kann das am Ende schöner wirken, als wenn die Ungenauigkeit durch einen ankerförmigen Mund noch betont würde.

1 Um die genaue Größe und Form des Mundes festzulegen, stecken Sie wie abgebildet drei Stecknadeln in die Schnauze: eine in die Mittelnaht unter der Nase, die anderen beiden seitlich daneben, im selben Abstand zur Mitte. Winden Sie den Faden zur Veranschaulichung der Mundform um die Nadeln herum. Ist Ihnen der Mund zu schmal oder zu breit, stecken Sie einfach die Nadeln um, bis sich der gewünschte Ausdruck einstellt.

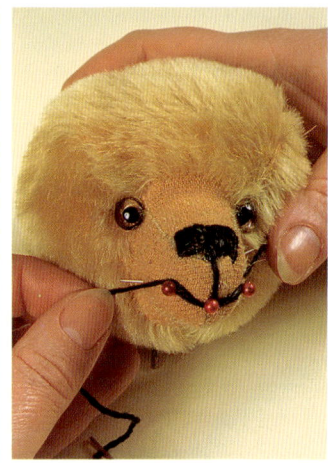

2 Der Bezug der drei Nadeln zueinander bestimmt den Stil: Liegen die äußeren beiden höher als die mittlere Nadel, zeigt sich ein Lächeln. Sitzen sie viel tiefer, schaut der Bär missmutig. Empfehlenswert ist in der Regel der Mittelweg.

 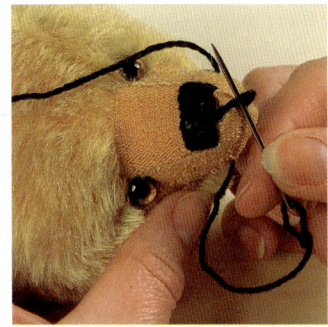

3 | Führen Sie den Faden von der Nase nach unten, stechen Sie an der mittleren Nadel ein und an einer der beiden äußeren wieder nach außen. Ziehen Sie den Faden nicht zu straff.

4 | Stechen Sie die Nadel unter der Linie hindurch, die der erste Faden gebildet hat. Dann ziehen Sie den Faden mit viel Gefühl hindurch, ohne dass er zu stark am Stoff reibt.

 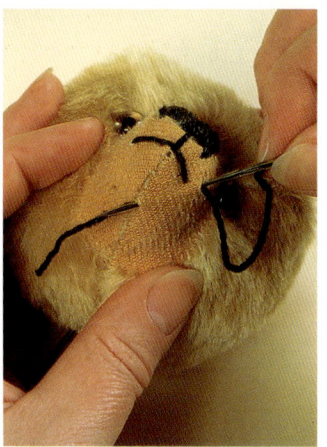

6 | Ist die Schnauze kahl geschoren, stechen Sie die Nadel exakt an der Ausstichstelle wieder in den Kopf, ohne dass ein Stich entsteht, was nur bei langem Fell nicht stören würde. Unterm Kinn kommt die Nadel wieder heraus. Dieser zweiphasige „Umweg" zwischen Mund und Fadenende verhindert, dass sich der Mund wieder löst. Ziehen Sie nun den Faden an und schneiden Sie ihn knapp über dem Stoff ab. So rutscht das Ende in die Schnauze hinein.

7 | Fädeln Sie den ursprünglichen Fadenanfang, der noch immer an der Seite der Schnauze hängt, in die Nadel ein. Stechen Sie die Nadel auch hier exakt an der Ausstichstelle ein, ohne dass sich ein sichtbarer Stich bildet, und dann unter dem Kinn wieder heraus. Ziehen Sie den Faden an und schneiden Sie ihn ab, sodass das Ende im Inneren verschwindet.

5 | Stechen Sie dann an der zweiten äußeren Nadel ein und mit einigem Abstand seitlich wieder heraus.

Ohren

Ohren gehören zum wichtigsten Merkmal eines Bären. Ihre Größe, Position und Rundung kann ganz wesentlich seinen Gesichtsausdruck beeinflussen. Gemeinsam mit Augen, Nase und Mund sind die Ohren mit verantwortlich für die Persönlichkeit eines Bären.

Im Prinzip haben Ohren eine D-Form; sie ist so gedreht, dass die gerade Seite auf dem Kopf sitzt, während die Rundung nach oben zeigt. Das Fell „wächst" immer von der geraden zur runden Seite nach oben. Es ist daher besonders wichtig, alle Fasern, die beim Nähen der Rundung in die Naht geraten sind, herauszuzupfen und schön hochzubürsten. Meistens werden Ohren gewölbt genäht und angebracht: Vorn sind sie konkav, also nach vorn gekrümmt, hinten sind sie konvex. Die so genannten Henkelohren sind größer und flacher; sie erhalten ihre Form durch Einkräuseln der geraden Unterkante. In anderen Fällen näht man Ohren in L-Form an, wobei die gerade Unterkante teilweise an die Kopfnaht gesetzt wird und der übrige Teil in einem rechten Winkel dazu absteht.

DIE POSITION DER OHREN Die Ohren befestigt man oben auf dem Kopf. Entweder kreuzen Sie dort die Nähte auf unterschiedliche Weise, oder sie sitzen an den Seitenteilen des Kopfes und berühren die Nähte lediglich. Weil Kopfmittelteile keine feststehende Breite haben, gibt es auch keine absolute Bezugsgröße zwischen diesen beiden Elementen. Probieren Sie einfach verschiedene Positionen aus, bis Sie die befriedigendste Lösung für Ihren Bären gefunden haben.

☞

**Ohren zuschneiden und nähen, Seite 39
Matratzenstich, Seite 59
Nadeln und Garne,
Seite 10**

OHREN ANNÄHEN
Ohren dienen oft als „Henkel" des Bären, nähen Sie sie deshalb mit stabilem, doppeltem Faden und gut gesichertem Anfang und Ende sehr fest an. Mit einer gekrümmten Nadel kommen Sie gut in den Kopf und in die gebogene Außenseite des Ohres hinein. Matratzenstiche sieht man am wenigsten. Um die Ohren akkurat anzubringen, klappen Sie zuvor die Schnittkanten 7 mm nach innen und nähen Sie sie fest.

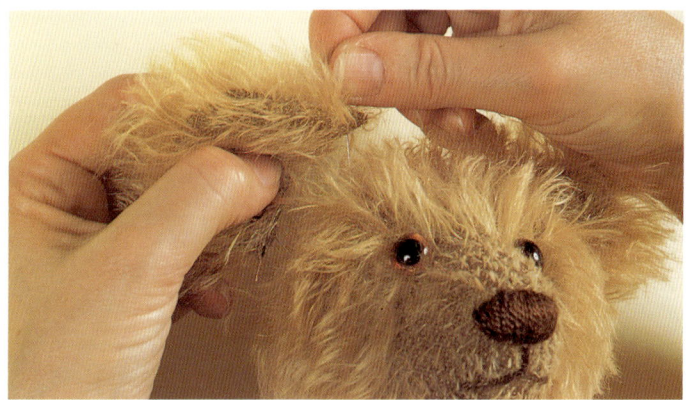

1 Befestigen Sie beide Ohren mit Stecknadeln (mit bunten oder T-Köpfen) am Bärenkopf. Suchen Sie dabei die beste Position und Krümmung und achten Sie darauf, dass beide Ohren symmetrisch angebracht sind. Die Nadeln sollten an beiden Enden sowie hinten stecken, damit die Krümmung erhalten bleibt. Nähen Sie an diesen Stellen zunächst einige Heftstiche, das hält die Ohren besser in dieser Position. Starten Sie beim Annähen mit dem „schwierigeren" Ohr, danach lässt sich das zweite leichter anpassen.

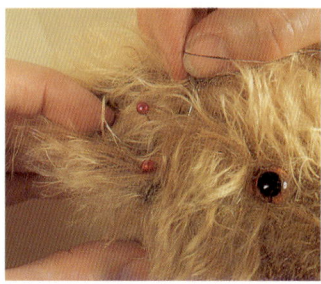

2 Beginnen Sie damit, den Fadenanfang an einem Ohrenende fest zu vernähen, sodass er später unterm Ohr verschwindet. Stechen Sie dann die Nadel an dieser Stelle zuerst in den Kopf.

3 | Stechen Sie danach durchs Vorderohr, etwa 7 mm von der Schnittkante entfernt. Wie beim Matratzenstich üblich, nähen Sie abwechselnd durch beide zu verbindenden Teile, hier also durch Ohrenrand und Kopf direkt darunter, ohne die Krümmung zu ändern.

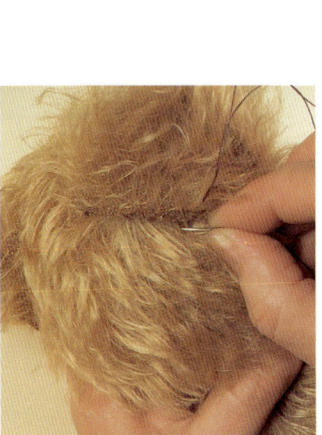

4 | Bei Erreichen des anderen Endes wenden Sie den Bären und nähen die andere Seite mit Matratzenstich fest. Dann nähen Sie beide Seiten nochmals rundherum fest und vernähen den Faden mit Steppstichen. Haben Sie die Kanten vorher nicht umgenäht, klappen Sie sie nach innen, sobald Sie das Ohr an den Kopf heranziehen.

5 | Schauen Sie sich den Bären gut an, um zu prüfen, ob das zweite festgesteckte Ohr immer noch zum ersten passt. Wenn nicht, korrigieren Sie seine Position entsprechend. Dann nähen Sie es ebenfalls in zwei Runden mit Matratzenstichen fest.

6 | Henkel-Ohren müssen zuerst gekräuselt werden. Verbinden Sie dafür die geraden Kanten mit Matratzenstichen.

7 | Ziehen Sie am Nähfaden, bis sich leichte Kräusel bilden. Vernähen Sie den Faden, damit sich die Kräusel nicht wieder lösen.

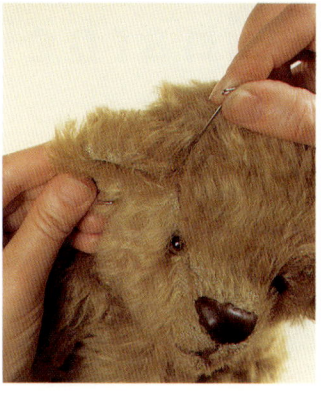

8 | Solche Henkel-Ohren setzt man meistens mehr seitlich an den Kopf an, wobei eine Ecke die Naht am Kopfmittelteil berührt. Nähen Sie diesen Ohrentyp ebenfalls wie zuvor beschrieben mit Matratzenstichen an den Bärenkopf.

Feinarbeiten

Das Fertigstellen ist die Phase, bei der Bärenmacher ihrer Kreativität freien Lauf lassen können. Wir stellen einige Techniken vor, doch die Liste ist keinesfalls erschöpfend. Der Blick auf die Galerie-Fotos deutet an, wie verschieden die Künstler ihre Bären ausarbeiten, und soll Sie zu eigenen Ideen für Ihren ganz persönlichen Bären inspirieren.

Mit bestimmten Techniken können Sie die Ausdruckskraft Ihres Bären verstärken und ihm ein ganz individuelles Aussehen verleihen.

DEN BÄREN MODELLIEREN Die Gesichtszüge des Bären lassen sich durch Verformungen hervorheben, also durch das Modellieren mit einer langen Nadel und stabilem Faden. Wir zeigen Ihnen, wie man die Schnauze auf Augenhöhe modelliert, doch diese Technik eignet sich auch zum Umformen anderer Körperpartien.

DEN BÄREN BEMALEN Echte Tiere haben mehr Farbnuancen in ihrem Fell, als Teddystoffe bieten können. Auch sind oft einige Bereiche heller oder dunkler als der Rest. Sie können versuchen, diesen Mangel durch geschicktes Auftragen von Farbe zu beheben. Airbrush ist eine weitere Möglichkeit, doch würde die Darstellung dieser komplexen Technik im Rahmen dieses Buches zu weit führen.

TATZEN AUSARBEITEN Echte Bären haben lange Krallen und gepolsterte Ballen an ihren Pfoten. Wir zeigen Ihnen, wie wir so etwas bei Ihrem Teddybären darstellen können.

AUF ALT MACHEN Zum Charme eines antiken Bären gehört die Tatsache, dass er innig geliebt wurde und deshalb arg mitgenommen aussieht. Wir beschreiben Techniken, die helfen, einen neuen Bären so zu bearbeiten, dass er alt und viel geliebt erscheint.

MODELLIEREN

Mit dieser Technik formen Sie den Bären so, wie Sie ihn sich vorstellen. Das geschieht mit einer langen Nadel und langem stabilem Faden, den Sie so durch die Füllung ziehen, dass sich einige Bereiche nach innen und andere dafür nach außen wölben. An solchen Stellen sind kleine Stiche erforderlich, außerdem werden alle Arbeitsschritte doppelt ausgeführt, damit die Wölbungen erhalten bleiben und der Faden nicht herausrutscht. Das Geheimnis liegt darin, nie zu stark am Faden zu ziehen, damit das Gewebe nicht reißt, sondern die betreffende Partie mit der Füllung gleichzeitig so zusammenzudrücken, dass der Weg des Fadens kürzer wird.

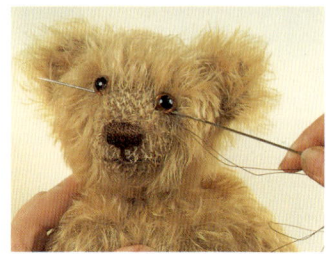

2 | Stechen Sie vorn knapp daneben wieder ein (dabei bildet sich ein kleiner Stich) und unter dem zweiten Auge wieder heraus.

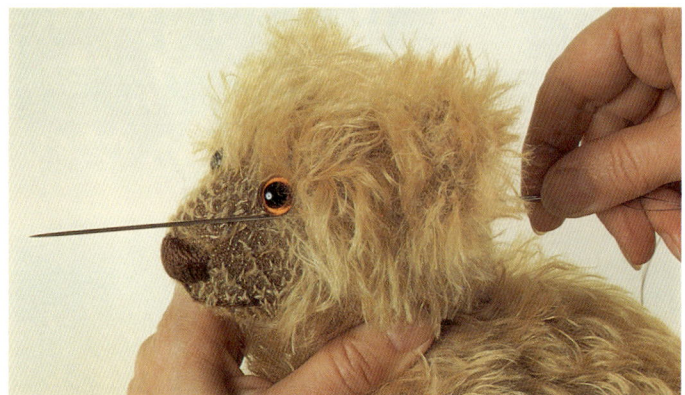

1 | Fädeln Sie stabiles Garn als Doppelfaden in die lange Nadel ein. Stechen Sie vom Hinterkopf des Bären nach vorn und direkt unter einem Auge heraus. Lassen Sie das Fadenende hinten hängen.

3 | Wir wollen die Augen näher zusammenbringen und die Schnauze dabei oben verschmälern. Dazu drücken Sie sie in Augennähe bis zur gewünschten Form zusammen. Stechen Sie zurück zum ersten Auge, wobei Sie die Schnauze weiter so schmal halten, damit der Weg des Fadens kürzer wird. Ziehen Sie ihn vorsichtig an. Nach einem kleinen Stich führen Sie die Nadel nochmals vom ersten Auge zum zweiten herüber.

4 | Entspricht die Schnauze Ihren Vorstellungen, stechen Sie Nadel und Faden an der anderen Seite des Hinterkopfes heraus. Vernähen Sie alle Fadenenden und ziehen Sie sie in die Füllung hinein.

BEMALEN

Im Fell echter Bären gibt es Partien mit diversen Farbschattierungen, oft eine Spur dunkler. Durch Bemalen des Teddys können Sie sein Fell realistischer darstellen und dessen Einheitston variieren. Das Innere der Ohren, der obere Augenbereich und Teile der Schnauze, mit einigen Farbtupfern versehen, lassen den Bären gleich viel lebendiger wirken.

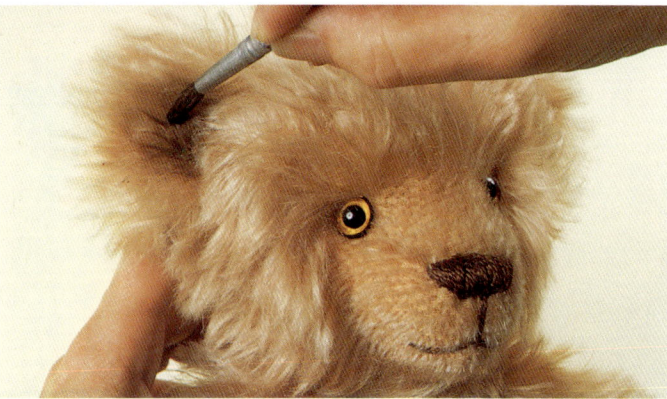

1 | Rühren Sie wenig Acrylfarbe, hier Braun, mit Wasser in einem kleinen Gefäß an. Rühren Sie sie gut mit dem Stäbchen um. Testen Sie die Farbe an einem Reststück des Fells und mischen Sie sie bis zum gewünschten Ton mit anderer Farbe oder wieder mit Wasser. Tragen Sie die Farbe mit einem mittelgroßen Pinsel auf die innere Ohrmuschel auf. Malen Sie in feinen Schichten und streichen Sie so oft darüber, bis die Fasern die Farbe annehmen. Bedenken Sie, dass die Farbe nach dem Trocknen heller wird.

2 | Verleihen Sie der oberen Augenpartie eine leichte Schattierung, die die Augen betont und ihnen mehr Tiefe verleiht. Die Fasern werden durchs Bemalen ziemlich nass, lassen Sie sie gründlich trocknen. Ein Föhn beschleunigt diesen Vorgang.

DAS BRAUCHEN SIE

Zum Bemalen

Fertiger Bär
Gute Pinsel von kleiner und mittlerer Größe
Acrylfarben in passenden Braunschattierungen oder anderen Tönen
Behälter mit Wasser
Stab zum Umrühren
Papiertücher

3 | Füllen Sie den Pinsel erneut mit Farbe, streifen Sie ihn jedoch gleich wieder am Papiertuch ab. Mit diesem fast trockenen Pinsel betonen Sie vorsichtig die geschorene Schnauze zwischen Nase und Mund.

4 | Ist die Farbe vollständig getrocknet, plustern Sie die bemalten Fellpartien mit einer Drahtbürste auf, um die von der Farbe etwas verklebten Fasern wieder zu trennen.

TATZEN MIT KRALLEN UND BALLEN

Echte Bären haben Krallen an Vorder- und Hinterpfoten; durch Sticken können Sie sie beim Teddy imitieren. Farbige Steck- nadeln dienen der Fadenführung beim Sticken über die Tatzen- kante. Man beginnt mit dem Sticken stets auf der Fellseite und führt den Faden an den Nadelmarkierungen vorbei.

DAS BRAUCHEN SIE
Zum Sticken der Krallen
Fertiger Bär
Lange Sticknadel
Stickgarn (Perlgarn) oder dünne feste Wolle (Stopfgarn)
Glaskopf-Stecknadeln

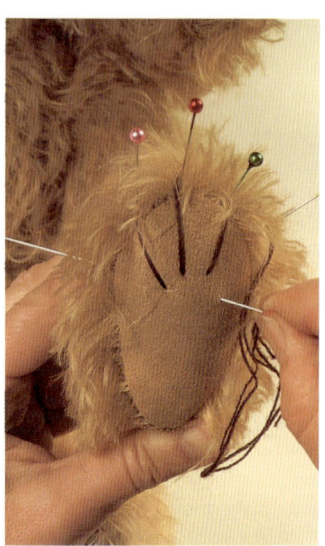

3 | Mit kleinem Steppstich vernähen Sie den Faden im Fell, bringen ihn weiter ent- fernt nach außen, ziehen daran und schneiden ihn ab. Die zwei- te Pfote besticken Sie genauso.

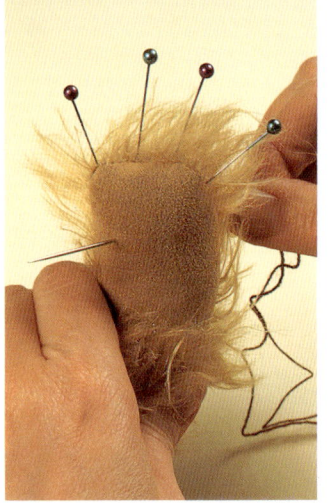

1 | Beginnen Sie mit den Vorderpfoten. Stecken Sie vier Stecknadeln vorn in die Kante, wo die Krallen sitzen sollen. Fädeln Sie das Stick- oder Stopfgarn ein und sichern Sie den Fadenanfang auf der Fellseite der Pfote mit einem kleinen Steppstich. Stechen Sie dann aus der glatten Pfoten- fläche ungefähr 2,5 cm (je nach Pfotengröße) unterhalb der ersten Nadel heraus.

2 | Führen Sie den Faden oben an der ersten Nadel ent- lang. Stechen Sie kurz dahinter an der Fellseite wieder ein und erneut an der glatten Pfoten- seite wieder nach außen unter- halb der zweiten Nadel. Ziehen Sie den Faden an, damit er fest genug sitzt. Sticken Sie auf diese Weise die vier Krallen fächerförmig auf.

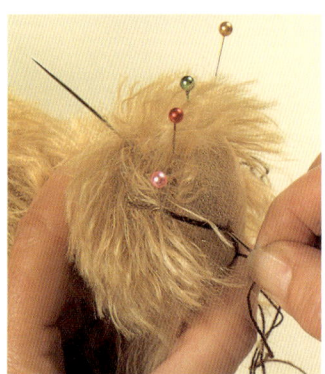

4 | Widmen Sie sich jetzt den Hinterpfoten. Nach dem Vernähen des Fadenanfangs im Fell sticken Sie die erste Kralle auf, wobei auch hier wieder Stecknadeln bei der Fadenfüh- rung helfen.

5 | Sticken Sie nach und nach alle Krallen auf, die aber diesmal noch stärker fächer- förmig nach außen gerichtet sein sollten als bei den Vorderpfo- ten. Das Fadenende vernähen Sie wieder im Fell.

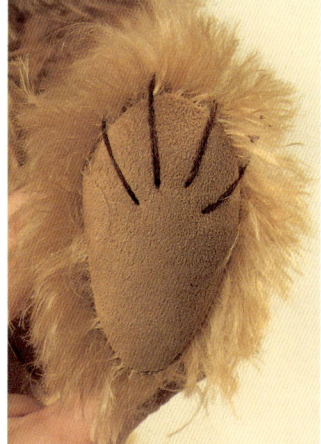

6 | Entfernen Sie die Steck- nadeln, wenn die Krallen fertig sind. Die zweite Hinter- pfote besticken Sie genauso.

GEPOLSTERTE BALLEN

Manchmal ist es reizvoll, beim Bärenmachen eine Kleinigkeit anders zu machen als sonst. Die Pfoten kann man beispielsweise mit recht dramatischer Wirkung verändern. Hier zeigen wir, wie man Ballen aus feinem Handschuhleder anbringt. Natürlich können Sie auch anderes Material dafür nehmen, doch das Grundprinzip bleibt gleich.

DAS BRAUCHEN SIE
Für gepolsterte Pfotenballen
Feines Handschuhleder oder Filz
Scharfe spitze Schere
Nähnadel für Leder
Sehr stabiles Garn
Etwas weiche Füllwatte
Pinzette (Venenklemme)
Pfoten aus Bärenfellstoff

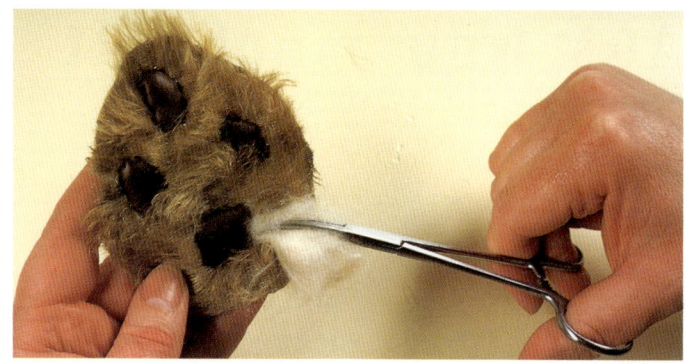

3 | Lassen Sie an dem Ballen eine kleine Öffnung frei. Mit einer dünnen Pinzette (Venenklemme) polstern Sie den Ballen mit wenig Polyester-Füllwatte oder Kapok aus. Dann beenden Sie die Matratzenstichnaht. Sichern Sie den Faden mit einigen Steppstichen, dann widmen Sie sich dem nächsten Ballen. Nach dem letzten Vernähen führen Sie den Faden ein Stück weiter durch das Fell nach außen und schneiden ihn dort kurz ab.

4 | Die Vorderpfotenflächen können direkt am Arm angeschnitten oder extra aus demselben Fellstoff geschnitten sein. Eine separat fertig gestellte Pfote setzen Sie wie gewohnt an den Außenarm, bevor Sie ihn weiterverarbeiten.

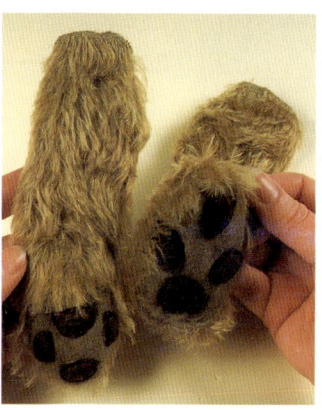

5 | Sind die Fußsohlen fertig, näht man sie wie gewohnt an die Beine. Achten Sie darauf, dass Sie richtig herum befestigt werden. Eine andere Methode, die Ballen anzunähen, sehen Sie hier: Anstatt mit Matratzenstichen wurden diese Ballen – sie bestehen aus Filz – mit Steppstichen befestigt.

1 | Die Pfoten sollen aus demselben Fellstoff gemacht sein wie der Bär, also nicht aus glattem Stoff. Probieren Sie mit Papierschablonen aus, wie viele Ballen Sie benötigen. Danach schneiden Sie die Lederteile zu, etwas größer als die Schablonen, damit man die Kanten beim Nähen einschlagen kann. Prüfen Sie ihre Position und kürzen Sie den Flor genau an diesen Stellen der Pfotenflächen.

2 | Vernähen Sie den Fadenanfang möglichst unsichtbar mit einigen Steppstichen. Nähen Sie die Lederteile mit Matratzenstichen an, wobei Sie die Schnittkanten nach innen einschlagen (siehe Seite 59).

Aus Neu mach Alt

Wirklich alte Teddys mit ihren traurigen Gesichtern und viel geliebten, lädierten Körpern sind wunderbar. Leider sind solche Bären heute selten geworden und meist teuer; werden Sie also selbst aktiv und machen Sie sich Ihren eigenen.

Studieren Sie zuerst alte Teddybären; achten Sie auf die Art des Fells. Kaufen Sie nicht von vornherein spärlichen Mohairplüsch (sparse), denn bei alten Modellen ist der Stoff immer nur partieweise abgenutzt. Schauen Sie sich solche Stellen gut an – etwa an Bauch oder Wangen. Die Ohren sind kaputt, die Augen locker oder sie fehlen ganz. Irgendwo quillt die Füllung heraus. Das Fell ist angeschmuddelt, doch selten richtig dreckig. Man sieht und fühlt den Staub, die Florreste sind oft matt. Der Bär trägt die Spuren mancher Abenteuer, auch Farbtupfer oder Striche, wo Kinder im überschwänglichen Spiel Verletzungen simuliert haben. Und die meisten Bären haben irgendwo eine kahle Stelle, da man ihnen einen modernen Haarschnitt verpassen wollte.

Die Liste von Dingen, die wir Ihnen für den Antik-Look eines Bären vorschlagen, sind nur ein Anfang. Durchleben Sie in Ihrer Fantasie das Leben eines Bären, entwickeln Sie seine Geschichte. Spielen Sie alltägliche Ereignisse wie ein Gartenpicknick, einen Strandtag nach, wo er am Feuer trocknet und ihm aus Versehen zu nahe kommt. Der Bär wird abgenutzt und beschädigt, vielleicht flicken Sie ihn auch. Oft finden sich Reparaturen mit grellbuntem Garn. Sie könnten Flicken und Pfotenfilz in unpassenden Farben aufnähen. Die Liste ist endlos, wobei Sie kaum einen Fehler machen oder den Bären ruinieren können. Im schlimmsten Fall gehen Sie viel zu ordentlich vor. Am Anfang fällt es einem wirklich schwer, doch wenn man einmal begonnen hat, findet man Gefallen an der Sache. Ist Ihr Werk vollendet, haben Sie einen Bären, auf dessen Vergangenheit Sie stolz sein können.

KÜNSTLICHES ALTERN

Unser Bär wurde nicht mit der Absicht hergestellt, ihn dann künstlich altern zu lassen. Aber es bot sich an, einige geeignete Methoden hier einmal an ihm zu demonstrieren.

DAS BRAUCHEN SIE
Zum Ältermachen des Bären
Bär, der älter wirken soll
Schere
Farben
Pinzette
Sandpapier
Pinsel
Kaffee oder Tee

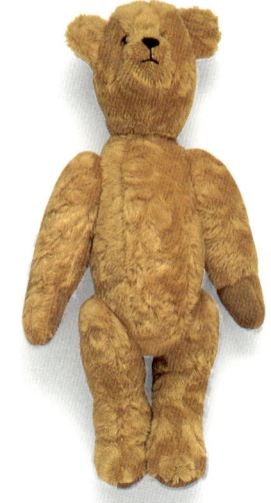

1 | „Piper" ist ein 40 cm großer Mohairbär, etwa fünf Jahre alt und sehr geliebt.

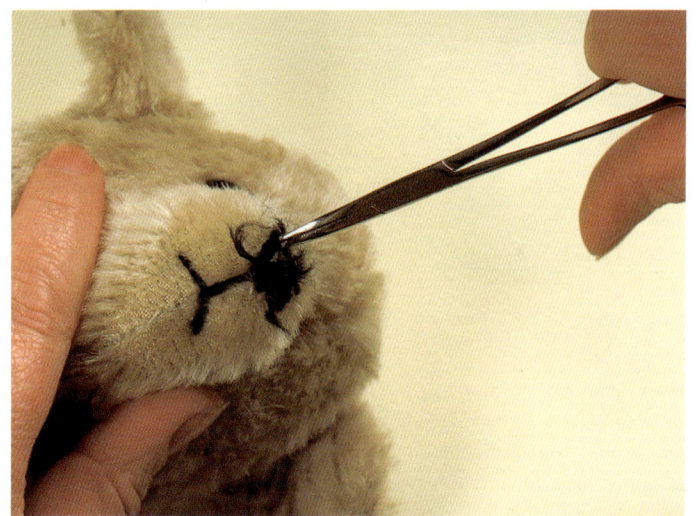

2 | Mit einer Pinzette (oder Venenklemme) zupfen Sie Stickfäden aus der Nase. Die Mundfäden werden gelockert, eventuell herausgezogen. Rupfen Sie den Flor von der Schnauze; hier ist der Abrieb meist sehr groß.

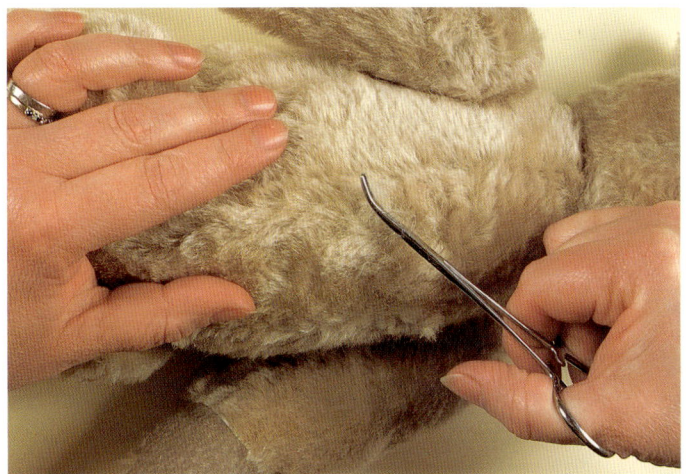

5 Mischen Sie Farbe, Kaffee oder starken Tee, um den Bären mit Flecken zu versehen. Reiben Sie Schmutz und Haushaltsstaub ins Fell; bekritzeln Sie ihn mit Stiften.

6 Lösen Sie Teile der Pfote ab und färben Sie die Holzwolle, die herausschaut, ein, damit sie nicht strahlend neu wirkt.

3 Hat der Bär eine eingesetzte Brummstimme, ist die mittlere Bauchpartie oft abgewetzt und kahl. Der Stoff kann an manchen Stellen auch ganz zerschlissen sein, dort wo die Kanten der Brummstimme dem Material von innen zugesetzt haben.

Der gezeigte Bär wurde zusätzlich auf folgende Weise zugerichtet:
● Wiederholtes Reiben an einer alten Ziegelsteinmauer
● Aufrauen der Pfoten und Glasaugen mit Sandpapier
● Herauslösen eines Auges
● Abrupfen eines Ohres
● Entfernen eines Teils der Füllung, damit der Bär in sich zusammensackt
● Einschnüren der Arme mit starkem Gummiband, um jahrelanges Anfassen und Zerren zu simulieren
● Allgemeines Anschmuddeln des Mohairfells
● Löcher in das Wildleder der Pfoten reißen

Hören Sie dann damit auf, wenn Sie das Bedürfnis bekommen, den Bären zu reinigen und zu reparieren. Vor dem Verkauf kennzeichnen Sie den Bären unbedingt als neues Modell im Antik-Look, damit man Ihnen keinen Betrug nachsagt!

4 Manchmal ist auch ein Oberarm beschädigt, die Naht hat sich gelöst und die Gelenkscheibe wird sichtbar. Auffällig kahle Stellen erzeugen Sie einfach durch grobes Abschneiden des Flors mit einer scharfen Schere.

Miniaturbären

Die schönsten Dinge kommen
in kleiner Verpackung daher:
Bären sind da keine
Ausnahme.

Miniaturbären

Miniaturbären sind eine besondere Variante des klassischen Teddys. Zurzeit sind sie ungewöhnlich populär und von Bärenmachern und Sammlern gleichermaßen beachtet. Sie sind nicht größer als 12,7 cm; solche von nur 7,6 cm oder noch kleinere sind ganz besonders gefragt.

Miniaturbären definieren sich über ihren Maßstab. Sie sind nicht bloß kleine Bären, sondern im Maßstab 1:12 verkleinerte normale Bären – ein für Miniaturen übliches Verhältnis. Ein kleiner Bär hat also genau dieselben Proportionen wie seine großen Vorbilder.

Miniaturen erfordern andere oder variierte Techniken, wenn sie sauber und akkurat gemacht sein und den gewünschten Ausdruck haben sollen. Doch es reicht nicht, die richtigen Methoden zu kennen, sondern man braucht zudem ausreichendes Licht, ein gutes Auge und Geschicklichkeit. Helle Lampen, Lupen und Spezialwerkzeuge sind zwar eine gute Hilfe, doch sie können Begeisterung, Akkuratesse, Geduld und Übung nicht ersetzen.

MATERIAL Kurzflorige Mohairfellstoffe, mit dichtem oder spärlichem Flor (sparse), eignen sich für Miniaturbären, sind aber nicht so leicht zu verarbeiten. Polster- und Kaschmirstoffe mit dichtem Flor und Miniaturbären-Stoffe lassen sich einfacher handhaben und wirken auch wie Fell. Pfoten und Fußsohlen macht man aus feinem Velours.

Miniaturbären werden in der Regel von Hand zusammengenäht, am besten mit transparentem Nylongarn. Ansonsten nehmen Sie Baumwoll- oder Polyestergarn in passender Farbe.

☞
**Geeignete Stoffarten,
Seite 14
Spezialwerkzeug, Seite 12
Nadeln und Garne, Seite 10
Stoff zuschneiden, Seite 32
Stiche, Seite 19**

ZUSCHNEIDEN UND NÄHEN

Für Miniaturbären geht man beim Übertragen der Schnittmuster und beim Zuschneiden des Stoffes genauso vor wie bei großen Bärenmodellen. Dabei beachten Sie ebenso die Florrichtung. Die winzigen, 1,5 mm breiten Nahtzugaben sind meistens nicht extra markiert. Zeichnen Sie die Umrisse der Teile mit einem nicht klecksenden Stift mit feiner Spitze nach und schneiden Sie sie innerhalb dieser Linien mit einer scharfen Schere sorgfältig aus. Nähen Sie mit kleiner Nadel und transparentem oder farblich darauf abgestimmtem Garn. Am besten eignen sich Vorstiche oder sehr kleine Steppstiche.

DAS BRAUCHEN SIE

Um einen Miniaturbären zu nähen

Dichtfloriger Polster- oder Miniaturbären-Stoff

Feiner Velours für Pfoten und Fußsohlen

Scharfe Schere

Feiner Stift, nicht klecksend

Kleine dünne Nähnadeln (Größe 10, 11 oder 12)

Garn in passender Farbe oder transparentes Nylongarn

Fingerhut

---

1 Übertragen Sie die Schnittteile auf die Stoffrückseite, einige davon wie angegeben spiegelverkehrt. Beachten Sie, dass manchmal beide Ohrenteile zusammen als eine Form gezeichnet sind. Die Pfeile auf allen Teilen müssen in die Richtung des Flors zeigen (Strichrichtung). Schneiden Sie die Formen sehr exakt aus. Legen Sie sie dann in „Bärenform" vor sich hin, damit Sie überblicken können, ob nichts fehlt.

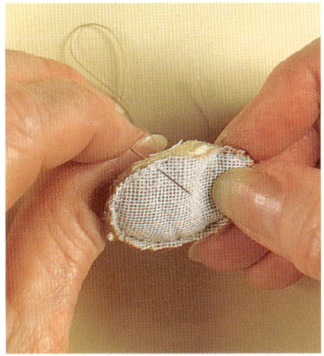

2 | Legen Sie beide Rumpfteile (Flor innen) passgenau aufeinander und beginnen Sie direkt neben der Öffnung: Nähen Sie sehr kleine Vorstiche bis zum anderen Ende der Öffnung. Wenden Sie und nähen Sie auch mit Vorstichen, diesmal aber in umgekehrter Stichfolge, um die Lücken zu füllen, wieder zurück. Vernähen Sie den Faden gut.

4 | Prüfen Sie ruhig einmal die Fadenspannung. Haben Sie zu locker genäht, sieht man die Stiche auf der rechten Seite. Ist der Faden zu stark gezogen, kräuselt sich der Stoff. Sorgfältiges Nähen schon zu Beginn erleichtert Ihnen später die Abschlussarbeiten.

6 | Setzen Sie das Kopfmittelteil zwischen die Seitenteile, wobei Sie zuerst die eine Seite von der Nasenspitze bis zum Nacken nähen, dann die andere vom Nacken bis zur Nase fertig stellen.

7 | Nähen Sie dann die Pfotenteile rechts auf rechts an die Arme, wieder mit Vorstichen.

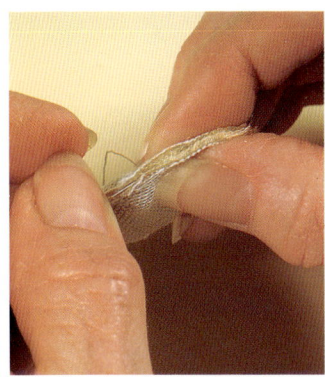

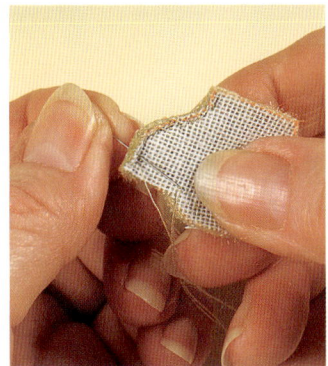

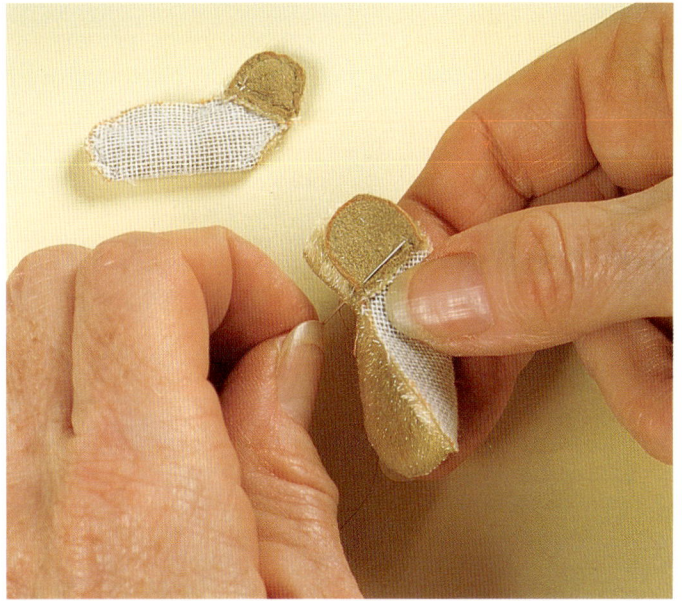

3 | Kneifen Sie beim Nähen die Schnittkanten so fest zusammen, dass sich das Gewebe berührt. So bleibt der Flor besser innen, wenn man ihn mit der Nadel zurück schiebt.

5 | Legen Sie die Kopfseitenteile rechts auf rechts gegeneinander; nähen Sie sie vorn von der Nase bis zum Hals zusammen. Arbeiten Sie auch hier mit Vorstichen in Hin- und Rückreihen wie beim Rumpf.

8 | Falten Sie die Arme zusammen (Flor innen) und nähen Sie außen herum; starten Sie an der Pfote und lassen Sie die Stopföffnung frei.

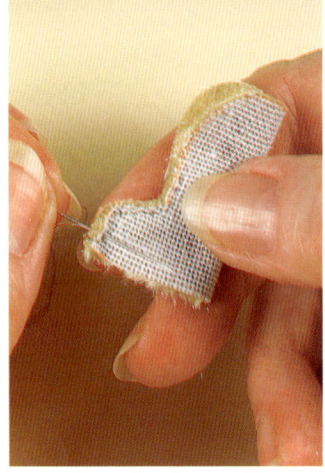

9 ￨ Falten und nähen Sie in gleicher Weise das Beinteil oben am Fuß und bis zu einem Drittel der Beinlänge aufwärts zusammen.

10 ￨ Setzen Sie jetzt die Fuß-sohlen, wie schon beim großen Bären beschrieben, ein. Verwenden Sie wieder Vorstiche in Hin- und Rückreihen. Nähen Sie dann die Beine oben zusammen, lassen Sie aber seitliche Stopföffnungen frei.

11 ￨ Falten Sie die Bärenohren rechts auf rechts zusammen, um sie dann entlang der Rundung zuzunähen.

12 ￨ Zum Wenden und Füllen schneiden Sie mit einer kleinen spitzen Schere vorsichtig einen Schlitz in die gerade Falt-kante.

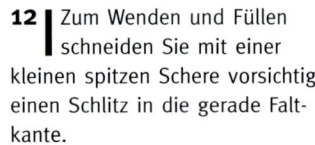

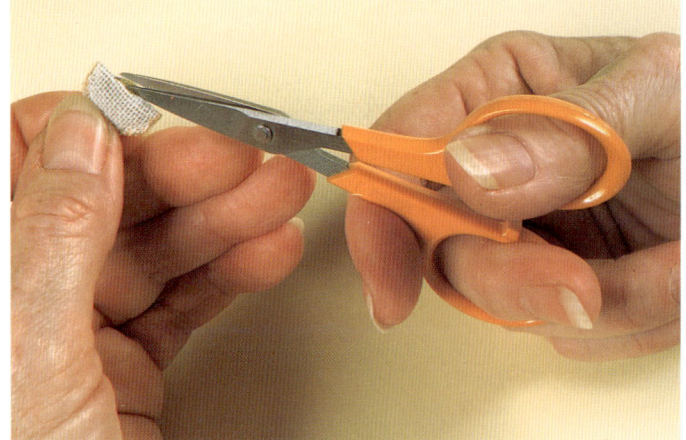

13 ￨ Jetzt ist der Bär zum Wenden fertig. Prüfen Sie, ob alle Teile vorhanden und außerdem richtig zusammenge-fügt sind.

WENDEN

Der kniffeligste Arbeitsschritt bei Miniaturbären ist das Wenden. Nehmen Sie sich Zeit dafür und beschleunigen Sie diesen Vorgang nicht. Geduld und Vorsicht werden belohnt. Ein Muss ist das richtige Werkzeug: eine lange Pinzette und eine schmale Venenklemme.

DAS BRAUCHEN SIE
Zum Wenden des Bären
Genähte Bärenkörperteile
Lange Pinzette
Zange oder Venenklemme

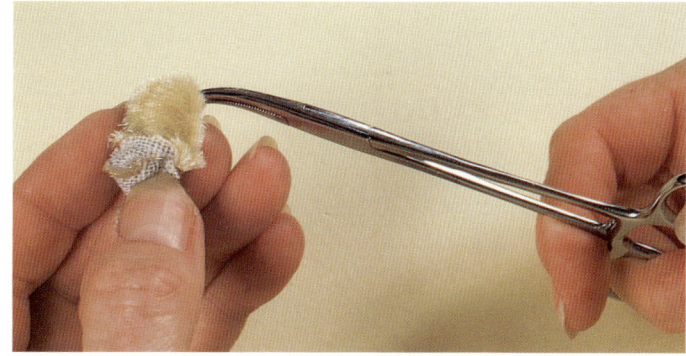

2 | Ziehen Sie die Klemme behutsam heraus, während die andere Hand den Stoff unterstützend rollt und nach außen schiebt.

1 | Die weiten Teile wie Kopf und Rumpf können leicht mit einer Venenklemme gewendet werden. Führen Sie sie dort hinein, greifen Sie den Stoff am anderen Ende und schließen Sie den Griff.

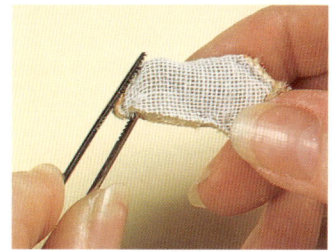

3 | Engere Teile wie Arme, Beine und Ohren wenden Sie mit einer Pinzette.

4 | Stecken Sie an der Schulter einen Pinzettenschenkel in den Oberarm hinein, der andere sitzt außen. Drücken Sie die Pinzette zusammen und stülpen Sie das Innere des Arms nach außen. (Der zuerst innen sitzende Pinzettenschenkel greift anschließend von außen.) Danach wenden Sie auch den zweiten Arm und anschließend die Beine.

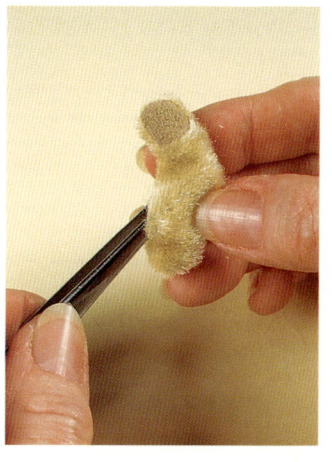

5 | Die Nähte der gewendeten Teile schieben Sie sorgfältig nach außen.

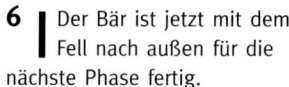

6 | Der Bär ist jetzt mit dem Fell nach außen für die nächste Phase fertig.

KOPF UND GESICHT FERTIG STELLEN

Zuerst stopft man den Kopf und setzt ein Mini-Splintgelenk in den Hals ein. Danach widmet man sich dem Gesicht. Das Sticken der Nase, das Einsetzen der Augen und Annähen der Ohren geschieht, bevor man Kopf und Rumpf miteinander verbindet.

DAS BRAUCHEN SIE
Zum Anfertigen des Kopfes

Ungefüllter Kopf des
 Miniaturbären
Polyester-Füllwatte
Mini-Splintgelenk
Kleines Stück Velours in
 Schwarz oder Braun
Feines Stickgarn in
 Schwarz oder Braun
Glaskopf-Stecknadeln
Zwei Perlen für die Augen
 (am besten Onyx, sie
 sind perfekt rund)
Festes dünnes Garn
Spitze Stick- oder
 Stopfnadel zum
 Anbringen der Augen
Dünne Nähnadel zum
 Sticken der Nase
Kleine spitze Schere
Textilkleber

☞
**Kopfmittelteil annähen,
Seite 36-37
Nase sticken, Seite 74-75
Mund sticken, Seite 78
Ohren annähen,
Seite 80-81**

1 Der Kopf wird zuerst gefüllt. Stopfen Sie die Schnauze wirklich fest mit Polyester-Füllwatte aus, dann den übrigen Kopf.

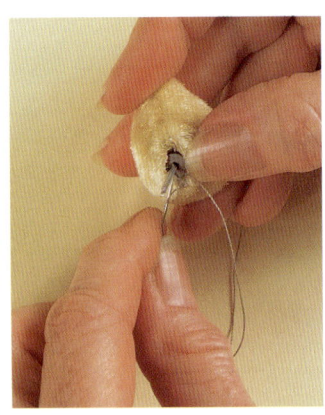

2 Mit stabilem Garn reihen Sie die Halsöffnung ein, etwa 3 mm neben der Kante. Setzen Sie eine Hälfte des Splintgelenkes dort in den Kopf (eine Scheibe mit Splint). Den Faden ziehen Sie dann fest an und verknoten die Fadenenden miteinander, bevor Sie sie im Stoff vernähen.

3 Schneiden Sie den Flor über der Nase kurz.

4 Aus Velours schneiden Sie die gewünschte Nasenform aus. Schön ist ein Dreieck, dessen untere Spitze gerundet ist. Fixieren Sie sie mit einem Tupfer Klebstoff vorn an der Schnauze.

5 Fädeln Sie einen feinen schwarzen oder braunen Stickfaden ein. Stechen Sie die Nadel unten am Hals so nah am Gelenk wie möglich ein und kommen Sie direkt über der Nase wieder heraus. Sticken Sie dann die Nase so wie bei einem großen Bären und anschließend den Mund.

6 ┃ Sind Nase und Mund fertig, ziehen Sie den Faden von der Nase bis zum Hals, wo Sie ihn gut vernähen.

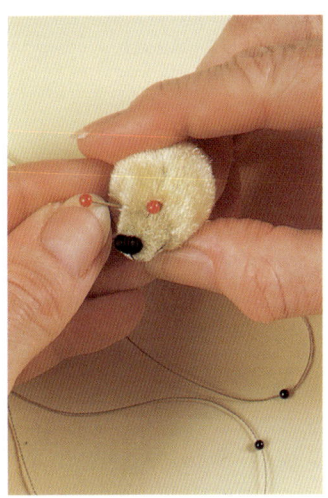

7 ┃ Markieren Sie die Augenposition mit Glaskopf-Stecknadeln (hier in Rot). Fädeln Sie stabilen dünnen Faden durch je eine kleine Augenperle.

8 ┃ Fädeln Sie einen der Fäden in eine Sticknadel ein, ohne dass die Perle dabei verloren geht. Stechen Sie durch einen Augenpunkt in den Kopf und am Hals wieder heraus, wo Sie das Fadenende zunächst hängen lassen. Fädeln Sie dann das andere Ende ein und stechen Sie knapp neben der ersten Stelle am Auge wieder ein, es entsteht dort ein kleiner Stich. Am Hals kommen Sie wieder heraus, neben dem ersten Fadenende. Verfahren Sie genauso beim zweiten Auge.

9 ┃ Ziehen Sie sachte an einem Doppelfaden, damit das Auge leicht vertieft sitzt. Dabei drücken Sie mit Ihrem Daumen darauf, damit die Perle durch zu starken Zug nicht bricht. Ihre Position wird gesichert, sobald Sie die Fäden verknoten. Sitzen beide Augen richtig, vernähen Sie alle Fäden am Hals.

11 ┃ Nähen Sie sie in dieser Lage mit einer langen Nadel und passendem Garn mit Matratzenstichen fest an den Kopf, genauso wie bei einem großen Bären.

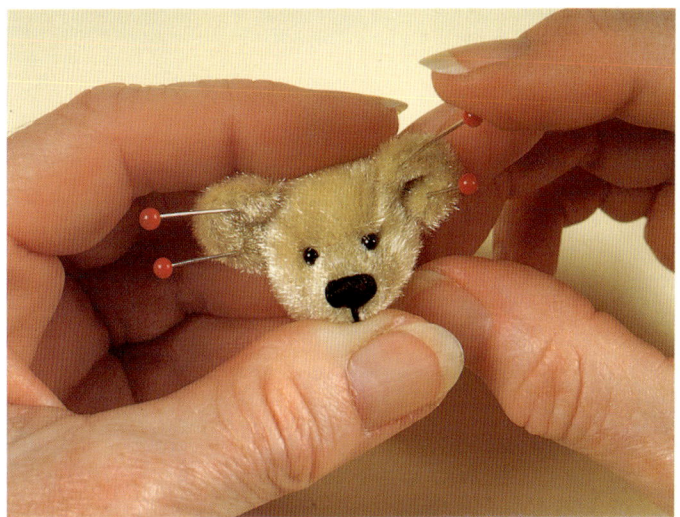

10 ┃ Stecken Sie die Ohren symmetrisch an den Kopf; achten Sie auf eine schöne Wölbung der Ohren.

STOPFEN UND GELENKE ANBRINGEN

Der Kopf ist schon gefüllt, jetzt sind die Gliedmaßen an der Reihe. Befestigen Sie zuerst den Kopf mit dem Splintgelenk am Rumpf, den Sie danach stopfen, um Arme und Beine mit Faden-gelenken anzubringen. Oder: Sie verbinden auch die Gliedmaßen mit Splintgelenken am Rumpf und füllen ihn mit Edelstahl-granulat anstatt mit Füllwatte.

DAS BRAUCHEN SIE

Zum Verbinden und Stopfen der Körperteile

Polyester-Füllwatte
Spitze Stick- oder Stopfnadel
Festes Garn
Die andere Hälfte des Splintgelenkes
Kleine Ahle oder Ähnliches, um kleine Löcher in den Stoff zu stechen
Rundzange
Glaskopf-Stecknadeln

☞
Matratzenstich, Stichübersicht, Seite 19

1 | Dieser Bär ist für die Gelenkverbindungen vor-bereitet. Alle Teile sind auf rechts gewendet und der Splint des Halsgelenkes schaut aus dem fertigen Kopf heraus.

3 | Schließen Sie die Stopf-öffnungen an Armen und Beinen mit Matratzenstichen.

2 | Stopfen Sie jetzt zuerst Arme und Beine mit Poly-ester-Füllwatte aus.

4 | Stechen Sie mit einer Ahle ein Loch oben in den Rumpf, dort stecken Sie den Gelenksplint hindurch.

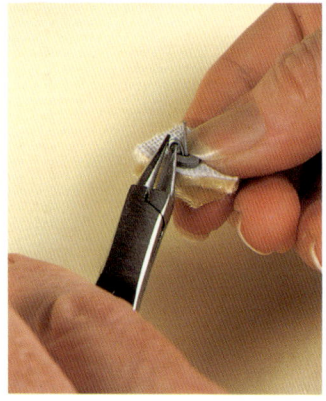

5 | Stecken Sie die zweite Gelenkscheibe auf den Splint im Rumpf und biegen Sie die Enden mit Rundzange oder Splintdreher so um, dass sie als Häkchen fest auf der Scheibe sitzen. (Hier wird es an Fell-resten demonstriert.)

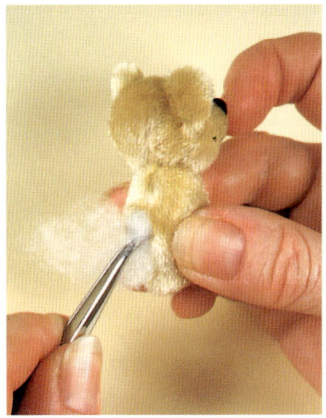

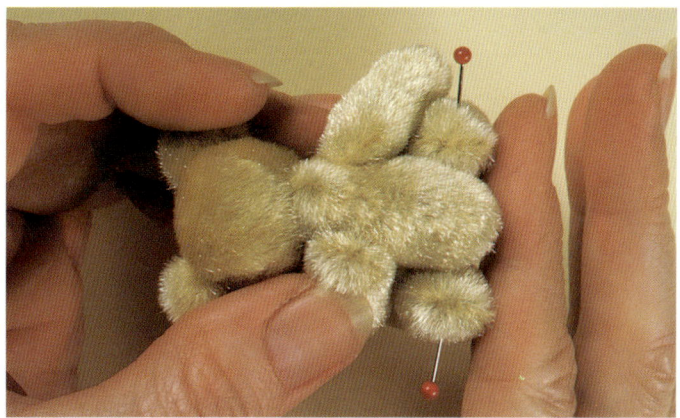

6 Stopfen Sie danach den Rumpf mit Polyester-Füllwatte und schließen Sie die Öffnung mit Matratzenstichen.

8 Fürs erste Armgelenk stechen Sie mit Sticknadel und stabilem Faden von einer Seite aus durch den Rumpf und durch den Arm gegenüber. Lassen Sie das Ende lang heraus hängen. Mit einem kleinen Stich führen Sie die Nadel durch Arm und Rumpf zurück.

10 Stecken Sie die Beine am Rumpf mit Glaskopf-Stecknadeln fest. Prüfen Sie, ob sie auf einer Höhe mit dem Po liegen, wenn der Bär sitzt.

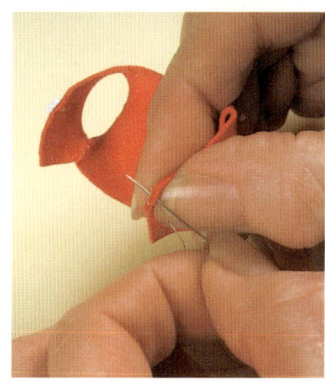

12 Sie können den Bären noch mit einer Weste aus Velours, einem nicht fransenden Material, und mit einer Seidenbandschleife schmücken.

7 Stecken Sie die Arme mit Glaskopf-Stecknadeln an den Rumpf – in einer Position, die zu dem Bär passt und genug Schulterfreiheit gewährt. Prüfen Sie den Bären von allen Seiten. Bewegen Sie seine Arme auf und ab, um sicher zu sein, dass sie genau auf gleicher Höhe und symmetrisch angebracht sind.

9 Stechen Sie nun durch den zweiten Arm und zurück zur Innenseite. Verknoten Sie beide Fadenenden fest miteinander; lassen Sie sie im Körper verschwinden.

11 Verbinden Sie jetzt die Beine mit Fadengelenken so am Rumpf, wie zuvor bei den Armen beschrieben.

Kleidung nähen

Was selbstbewusste Bären gerne tragen würden, ob in der Stadt oder auf dem Land

Kleidung
für Bären nähen

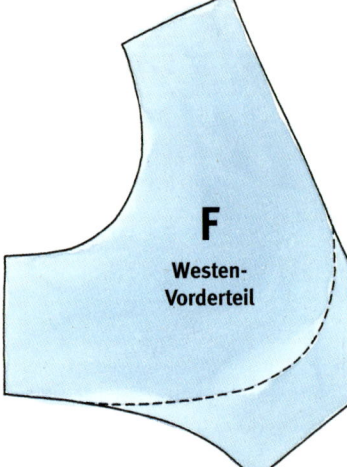

Einige Bären lehnen strikt jede Art von Kleidung ab. Doch wünscht sich Ihr Bär mehr als sein angeborenes Fell, sollten Sie es nicht bei der klassischen roten Halsschleife bewenden lassen.

Die Schneiderei für Teddybären erfordert keine besonderen Fertigkeiten, doch einige Punkte sind zu bedenken. Berücksichtigen Sie bei der Wahl der Stoffe und des Zubehörs das kleine Maß, in dem Sie arbeiten werden. Leichte, nicht fransende Stoffe, winzige Knöpfe und Druckknöpfe, kleine Karos, enge Streifen, winzige Druckmuster – all das ist für ein gelungenes Ergebnis wichtig.

Beachten Sie beim Kleidungsentwurf die ausgefallenen Proportionen eines Teddys: lange Arme, großer Kopf, dicker Bauch, vielleicht ein buckeliger Rücken; die Beine sitzen seitlich, nicht unter dem Rumpf. Die Kleidung muss reichlich bemessen sein. Vor allem Hosen brauchen viel Weite; Oberteile sollten über den Beinen enden. Zum leichten An- und Ausziehen sollten Kleider, Hemden und Sweatshirts am Rücken offen bleiben.

SCHNITTMUSTER UND ZUSCHNITT Die nebenstehenden Schnittmuster sind etwa halb so groß wie für einen 30 cm großen Bären nötig. Mit einem Fotokopierer sind sie leicht zu vergrößern. (Beispielsweise müsste für einen 30-cm-Bären die Unterkante von Teil K rund 17 cm lang sein.)

Wollen Sie die Kleidung für einen Bären in einer anderen Größe nähen, vergrößern sie die Schnittmuster so, wie Sie sie benötigen. In der Legende rechts ist genau aufgelistet, was die unterschiedlichen Linien in unseren Schnittmustern bedeuten. Fertigen Sie probehalber alle Schnittteile aus weichem Material an (Küchenpapier, Plastiktüte), damit Sie dem Bären die Teile anhalten können, bevor Sie sie aus Stoff zuschneiden. Achten Sie darauf, rechte und linke Teile spiegelverkehrt zuzuschneiden. Sie können sie auch gleich aus dem doppelt liegenden, gefalteten Stoff anfertigen.

NÄHMETHODEN Füßchenbreite Nahtzugaben (0,5 cm bis 0,7 cm) sind in den Schnittmustern bereits enthalten. Nähen Sie die einzelnen Teile mit der Nähmaschine oder mit Steppstichen (Rückstichen) per Hand zusammen, wobei Sie Anfang und Ende jeder Naht gut sichern sollten.

Säubern Sie die Schnittkanten mit dem Zickzackstich der Maschine oder von Hand mit Überwendlingstichen und bügeln Sie die Nahtzugaben zum Schluss auseinander, sofern sie nicht anders gesichert sind.

Nützliche Schnellmethoden finden Sie in den folgenden Nähanleitungen: zum Beispiel den Einsatz von Druckknöpfen oder Klettband anstelle von Knopflöchern oder das spätere Zusammenstepppen der Unterarm- und Seitennähte, nachdem die Manschetten fertig und die Ärmel eingesetzt sind. Sicherlich entdecken Sie noch viel mehr solcher Erleichterungen.

> **Für einen 30 cm großen Bären vergrößern Sie diese Schnittmuster mit einem Fotokopierer auf 200 %.**

LEGENDE

〰〰〰〰〰〰〰
Stoffbruch

⌒⌒⌒⌒⌒⌒
Schneidelinie kurze Hose

–·–·–·–·–·–
Schneidelinie Latzhose

– – – – –
Schneidelinie Kleid

Schneidelinie Hemdenfutter

— — — —
Schneidelinie Hemd

–··–··–··–
Schneidelinie Sweatshirt

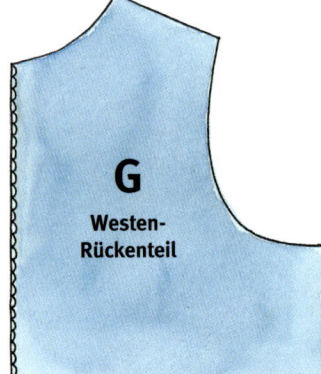

F
Westen-Vorderteil

G
Westen-Rückenteil

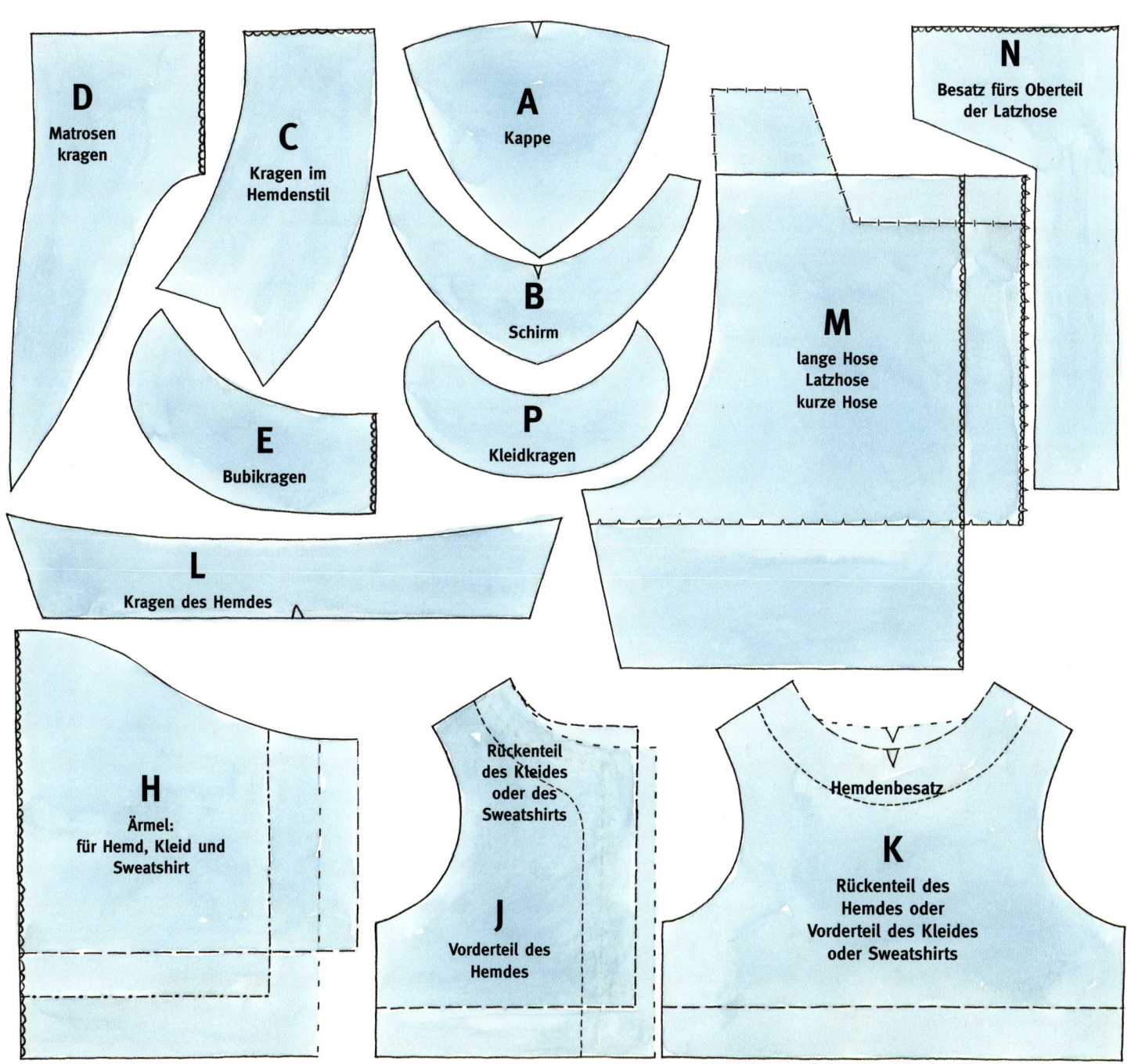

D
Matrosen
kragen

C
Kragen im
Hemdenstil

A
Kappe

B
Schirm

E
Bubikragen

P
Kleidkragen

N
Besatz fürs Oberteil
der Latzhose

M
lange Hose
Latzhose
kurze Hose

L
Kragen des Hemdes

H
Ärmel:
für Hemd, Kleid und
Sweatshirt

Rückenteil
des Kleides
oder des
Sweatshirts

J
Vorderteil des
Hemdes

Hemdenbesatz

K
Rückenteil des
Hemdes oder
Vorderteil des Kleides
oder Sweatshirts

Weste und Fliege

Eine Weste mit passender Fliege gehört zur Grundgarderobe eines jeden gut gekleideten Bären.

WESTE

Ist sie aus Samt oder Brokat gemacht, kann solch eine Alltagsweste recht beeindruckend aussehen. Wünschen Sie einen anderen Abschluss, wählen Sie die andere Kurve des Schnittmusters.

DAS BRAUCHEN SIE

Leichter Wollstoff oder etwas Vergleichbares
Futtersatin oder Baumwolldruckstoff
Zwei Knöpfe und eventuell Druckknöpfe

ZUSCHNITT

Schneiden Sie Vorderteil F zweimal zu (einmal davon spiegelverkehrt) und einmal das Rückenteil G jeweils aus doppelt liegendem Futter- und Oberstoff.

1 | Bügeln Sie am Rückenteil aus Oberstoff und am Futter die vier Kanten für die Seitennähte ca. 7 mm breit nach links. Stecken und steppen Sie an den Schultern die drei Futterteile rechts auf rechts füßchenbreit zusammen, danach die Oberstoffteile. Nähte bügeln.

2 | Stecken Sie nun Oberstoffweste und Futter rechts auf rechts zusammen, Schulternähte und alle Kanten liegen bündig übereinander. Die nach links gebügelten Zugaben der Rückenteile bleiben umgeklappt. Steppen Sie beide Teile rundherum zusammen, nur die Seitennähte bleiben offen sowie zum Wenden ein Stück der Westenunterkante.

3 | Schneiden Sie mit scharfer Schere alle Nahtzugaben auf ca. 3 mm zurück. Für schöne Ecken und Kanten schneiden Sie die Zugaben an den Ecken schräg ab; an allen Rundungen schneiden Sie sie mehrfach im rechten Winkel bis kurz vor die Naht ein. Doch Vorsicht: Kommen Sie nie zu dicht an die Naht heran! Durch die untere Öffnung wenden Sie die Weste auf rechts, schieben alle Ecken und Kanten heraus und bügeln sie.

4 | Um die Seitennähte zu schließen, schieben Sie die Vorderteil-Schnittkanten (Oberstoff, Futter) zwischen die umgebügelten Rückenteil-Zugaben. Mit unsichtbaren Staffierstichen heften Sie sie fest und schließen Sie die Öffnung an der Westenunterkante.

5 | Die Weste kann mit Knöpfen und Knopflöchern oder mit Druckknöpfen geschlossen werden.

FLIEGE

Eine kleine Fliege wie die hier gezeigte trägt der Bär am besten zu einer Weste oder zu einem schlichten weißen Baumwollkragen. Nähen Sie eine größere Fliege, braucht Ihr Bär nichts anderes dazu zu tragen.

DAS BRAUCHEN SIE

Dünner Baumwollstoff oder
   Futtersatin
Eventuell ein schmales Band

ZUSCHNITT

Für die kleine Fliege schneiden Sie ein Quadrat (10 x 10 cm) und einen Streifen (2,5 cm breit) zu, in der Länge des Halsumfangs plus 5 cm Zugabe.

1 Falten und steppen Sie das Quadrat mit der rechten Seite nach innen auf die Hälfte zusammen; wenden Sie diesen Schlauch auf rechts. Bügeln Sie ihn flach, mit der Naht in der Mitte, und sichern Sie die Schmalkanten mit Überwendlingstichen.

2 Legen Sie die Schmalkanten gegeneinander und nähen Sie sie zusammen.

3 Mit einem Doppelfaden ziehen Sie die Mitte der Fliege wie auf dem Foto gezeigt zusammen. Vernähen Sie den Faden danach gut.

4 Für das Halsband nehmen Sie entweder ein passendes Band oder falten und steppen Sie einen Streifen aus demselben Stoff zunächst längs zusammen (linke Stoffseite außen). Wenden Sie ihn mit Hilfe einer Stopfnadel oder, wie hier, mit einer Laufmaschennadel auf rechts.

5 Binden Sie das Halsband um die Mitte der Fliege und nähen Sie es hinten mit Handstichen fest, bevor Sie es dem Bären umbinden.

Schlips und Kragen

Ein Bär braucht, anders als wir Menschen, nur Schlips und Kragen und ist allein damit schick und fertig gekleidet fürs Büro!

KRAGEN
Hier zeigen wir die Herstellung eines Kragens im Hemdenstil, doch Sie finden auch die Schnittmuster für Matrosen- und Bubikragen, die auf dieselbe Art gemacht werden.

DAS BRAUCHEN SIE
Feiner weißer Baumwollstoff oder etwas Vergleichbares
Knöpfe oder Druckknöpfe
Eventuell Zierbordüre

2 Steppen Sie sie rundherum zusammen, lassen Sie aber an der Innenkurve eine Öffnung zum Wenden frei.

3 Schneiden Sie die Nahtzugaben und Ecken wie bei der Weste zurück.

ZUSCHNITT
Schneiden Sie zwei Teile im Stoffbruch zu (C, D oder E). Hinweis: Die Fotos zeigen den Kragen im Hemdenstil C, doch die anderen werden in der gleichen Weise gemacht.

1 Stecken Sie zuerst die beiden Kragenteile rechts auf rechts zusammen.

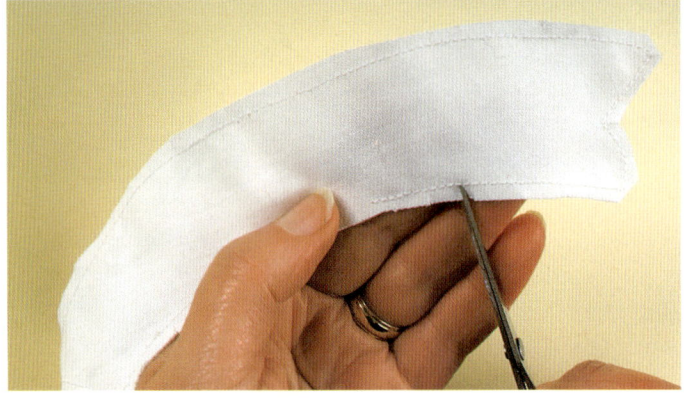

4 Wenden Sie den Kragen auf rechts, schieben Sie Kanten und Ecken mit einem nicht zu spitzen Werkzeug nach außen und bügeln Sie ihn. Nähen Sie die Wendeöffnung zu. Vorn schließen Sie den Kragen mit Knopf und Knopfloch oder einem Druckknopf.

KRAWATTEN

Dieses Standard-Design kann passend für Ihren Bären variiert werden. Beispielsweise machen Sie Ihr Schnittmuster breiter oder Sie stellen nach derselben Methode ein Dreieckstuch her.

DAS BRAUCHEN SIE

Leichter Baumwollstoff oder Futtersatin
Futter (evtl. derselbe Stoff)

ZUSCHNITT

Schneiden Sie aus Ober- und Futterstoff je einen 30 cm langen Streifen. Ein Ende soll 10 cm, das andere 6 cm breit sein.
Schneiden Sie jedes Ende mit Hilfe einer echten Krawatte als Schnittmuster spitz zu.

1 Steppen Sie beide Teile rechts auf rechts bis auf eine Wendeöffnung zusammen.

2 Nach dem Zurückschneiden der Zugaben und Ecken wenden Sie die Krawatte auf rechts und schieben Ecken und Kanten heraus.

3 Nach dem Bügeln nähen Sie die Öffnung zu.

4 Mit dem Futter nach oben bügeln Sie die Längsseiten zur Mitte. Nach dem Bügeln nähen Sie die Kanten gegeneinander.

Hüte

Manchmal ist ein Hut das einzig erforderliche

Kleidungsstück eines Bären, wie unsere Schuljungen

beweisen. Jedenfalls geben die hier gezeigten

Schirmmützen dem Bären-Outfit den letzten Pfiff.

SCHULKAPPE UND SCHAL
Der Schal besteht aus einem
Stoffstreifen mit Fransenenden.
Falls die Kanten ausfransen,
umnähen Sie sie mit Zick-
zackstich oder von
Hand.

DAS BRAUCHEN SIE
Double-face-Deckenstoff,
   Filz oder anderer fester
   Stoff
Stretch-Band

ZUSCHNITT
Schneiden Sie vier
Kappenteile A und
zwei Schirmteile B zu.

1 | Stecken und steppen Sie
   die Kappenteile paarweise
zusammen, danach die Paare mit
sich treffenden Mittelnähten.
Wenden Sie die Kappe auf
rechts und bügeln Sie sie.

2 | Nähen Sie zwei Schirmteile
   rechts auf rechts zusammen. Nach dem Kürzen der Zugaben, dem Wenden und Bügeln
steppen Sie die Vorderkante von
rechts ab.

3 | Stecken Sie den Schirm
   mittig an die Unterkante
eines Kappenteils, die Schnittkanten bündig aufeinander.
Steppen Sie ihn fest; vernähen
Sie die Enden gut.

4 | Schneiden Sie Stretchband
   in doppelter Breite zu und
so lang, dass es leicht gedehnt
ganz um die Kappe herum passt.
Verbinden Sie die Schmalseiten.
Falten Sie es längs zusammen,
die rechte Seite außen. Stecken
Sie es, die Schnittkanten unten,
an die Kappe mit dem Schirm
dazwischen. Steppen Sie es fest.
Versäubern Sie die Kanten
maschinell oder von Hand.

5 | Klappen Sie das Stretch-
   band herunter und stülpen Sie den vorderen Teil nach
innen unter den Mützenschirm.

SCHIRMMÜTZE

Machen Sie die Mütze passend
zur Latzhose eines Bärenjungen
oder zur Bluse eines Mädchens.

DAS BRAUCHEN SIE
Fester Baumwollstoff

ZUSCHNITT

Schneiden Sie aus Stoff
einen Kreis für die Oberseite
aus (Ø 6 cm) und für die
Seitenteile zwei Streifen
(19 x 21 cm). Außerdem
benötigen Sie zweimal den
Schirm B.

2 | Stecken und heften Sie den
Schirm auf die rechte Seite
eines Seitenteils. Stülpen Sie
das andere Seitenteil (Besatz)
mit der rechten Seite darauf und
stecken Sie es unten bündig
fest. Nähen Sie durch alle Lagen
hindurch die Teile zusammen,
der Schirm ist dabei einge-
schlossen.

3 | Klappen Sie den Besatz
nach innen und bügeln Sie
die Mütze. Die oberen beiden
Schnittkanten nähen Sie zusammen. Wenden Sie die Mütze auf
links und stecken Sie den
Stoffkreis oben ans Seitenteil.

4 | Nähen Sie das runde Teil
fest und versäubern Sie die
Schnittkanten. Wenden Sie die
Mütze auf rechts.

1 | Nähen Sie die Seitenteile je
an den Schmalseiten wie
Ringe zusammen. Bügeln Sie die
Naht aus. Verbinden Sie die zwei
Schirmteile rechts auf rechts entlang der langen Außenkurve.
Nach dem Zurück- und Ein-
schneiden der Zugabe wenden
und bügeln Sie den Schirm und
nähen die Schnittkanten
zusammen.

Rock

Dieses Bärenmädchen trägt einen schlichten Rock, eine Weste und einen weißen Bubikragen. Unter dem Rock blinkt eine spitzenbesetzte Pumphose hervor.

ROCK UND WESTE
Der Rock wird aus zwei Stoffteilen genäht. Die Weste besteht aus Velours und braucht weder ein Futter noch eine Einfassung. Weste und Kragen wurden maschinell bestickt.

DAS BRAUCHEN SIE	ZUSCHNITT
Einfarbiger oder bedruckter (Baumwoll-)Stoff Druckknöpfe	Schneiden Sie einen Bund (3 x 28 cm) und ein Rockteil zu (mind. 61 x 13 cm).

1 | Bügeln Sie die untere Rockkante zweimal 0,7 cm nach links um und steppen Sie diesen Saum knappkantig fest.

2 | An die obere Rockkante nähen Sie zwei Reihen mit langen Steppstichen und gelockerter Oberfadenspannung zum späteren Kräuseln.

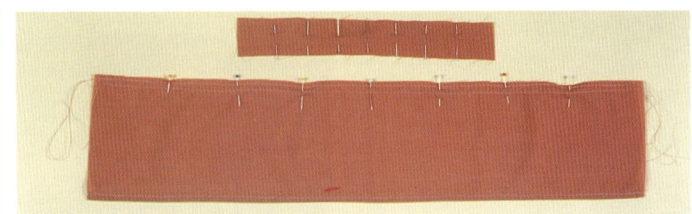

3 | Unterteilen Sie die Rockober- und Bundunterkante mit Stecknadeln der Reihe nach in zwei, vier und acht gleich große Abschnitte.

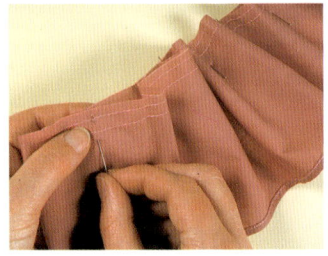

4 | Stecken Sie an den acht markierten Stellen Bund und Rock rechts auf rechts zusammen. Dazwischen verteilen Sie die übrige Weite gleichmäßig mit Zusatznadeln.

5 | Kräuseln Sie den Rock durch vorsichtiges Ziehen an den beiden Unterfäden der zwei Kräuselnähte ein. Der Bund muss jedoch glatt bleiben; die Fäden dürfen außerdem nicht reißen.

6 | Steppen Sie zwischen den beiden Kräuselnähten Rockteil und Bund zusammen. Nähen Sie langsam, damit Sie die Stecknadeln erst kurz vor dem Füßchen herausziehen können. So bleibt die Kräuselung schön erhalten. Setzen Sie eventuell eine zweite Naht knapp neben die erste in die Nahtzugabe. Schneiden Sie sie etwas zurück. Ziehen Sie die vier Kräuselfäden heraus. Klappen Sie den Bund hoch; bügeln Sie die Zugaben in seine Richtung.

10 Nähen Sie die innere Falt-kante des Bundes von Hand gegen die Naht. Probieren Sie spätestens jetzt dem Bären den hinten offenen Rock an und bringen Sie zum Schließen Druckknöpfe an.

7 Die obere Bundkante bügeln Sie 0,7 cm nach links um. Falten Sie den Bund nach rechts, sodass die gebügelte Kante genau auf Höhe der Nahtlinie sitzt.

8 Steppen Sie die Enden des Bundes senkrecht mit einer Geradnaht ab. Die senkrechten Rockkanten versäubern Sie mit Zickzackstich.

9 Wenden Sie den Bund auf rechts über die gekräuselten Kanten. Bügeln Sie die senkrechten Rockkanten 0,7 cm nach links; steppen Sie diesen Saum knappkantig auf der Zickzacknaht fest.

Kleid

Dieses feminine Kleidchen ist der Stolz eines jeden Bärenmädchens. Die passende Unterhose lässt sich anhand des Schnittmusters für lange Hosen anfertigen. Sie ist nur etwas weiter, die Unterkante wurde mit Spitze verziert und elastisch gekräuselt, so wie für den Kleiderärmel beschrieben.

2 | Nähen Sie Vorder- und Rückenteile an den Schultern zusammen, je Ober- und Futterstoff separat. Sichern Sie die Nahtenden und bügeln Sie die Nähte aus.

3 | Stecken Sie den Kragen genau zentriert an den Halsausschnitt auf die rechte Oberstoffseite. Die Kragenmitte sitzt genau auf der Vorderteilmitte; die Kragenenden reichen nicht ganz bis zur Rückenöffnung. Stecken Sie dann passgenau das Futter mit der rechten Seite am Halsausschnitt und an der Rückenöffnung fest, wobei die Schulternähte und Ecken genau aufeinander liegen sollen. Der Kragen ist nun eingefasst.

<table>
<tr><td>

DAS BRAUCHEN SIE

Stoff aus Baumwolle oder Mischgewebe, evtl. mit feinem Blümchenmuster
Feine weiße Baumwolle für Kragen und Futter
Gummifaden
Druckknöpfe

</td><td>

☞
**Nahtzugaben zurück- und einschneiden: Anleitung Weste, Seite 102
Kräuseln: Rock-Anleitung, Seite 108-109
Kragen: Seite 104-105**

</td></tr>
</table>

ZUSCHNITT

Schneiden Sie ein Vorderteil K je aus Ober- und Futterstoff zu, je ein rechtes und linkes Rückenteil J aus beiden Stoffen, nur aus Oberstoff zwei Ärmel H, ein Rockteil (13 x 61 cm) und aus weißem Stoff vier Kragenteile P.

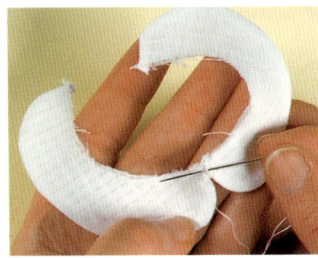

1 | Nähen Sie die Kragenteile rechts auf rechts paarweise zusammen, wobei die enge Innenkurve am Hals offen bleibt. Beschneiden Sie die Zugaben, wenden und bügeln Sie die Kragenhälften. Nähen Sie sie vorn zusammen, vorsichtig an den Nahtzugaben, also ca. 0,5 cm von den offenen Kanten entfernt.

4 | Steppen Sie jetzt Oberstoff und Futter am Halsausschnitt und an der Rückenöffnung füßchenbreit zusammen. Achten Sie darauf, dass der Kragen mitgefasst wird. Beschneiden Sie die Zugaben an den Ecken und an der Rundung, so wie bei der Weste beschrieben.

5 | Klappen Sie das Futter nach links; bügeln Sie alles. Nähen Sie an den Armausschnitten Futter und Oberstoff knappkantig zusammen (in der Nahtzugabe).

6 | Verzieren Sie die Ärmelunterkanten mit Spitze. Dazu stecken und steppen Sie Spitze auf die rechte Ärmelseite auf, die geraden Kanten liegen bündig aufeinander.

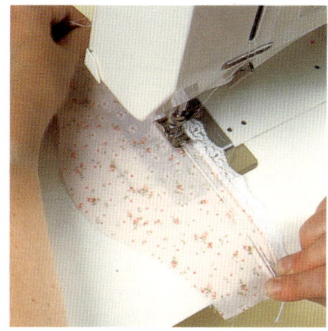

7 | Klappen Sie die Kante mit der Spitze nach unten; bügeln Sie die Naht. Steppen Sie den Ärmelstoff von rechts knappkantig neben der Spitze ab. Schneiden Sie zwei Gummifäden passend für den Armumfang plus 2,5 cm zu. Versehen Sie jedes Ende mit einem Knoten. Steppen Sie den Faden mit Zickzackstich ca. 2,5 cm über der Spitze von links auf den Ärmel, dabei dehnen Sie das Gummi (siehe Foto). Zum Sichern steppen Sie mehrmals über die Knoten.

8 | Steppen Sie zwei Kräuselnähte oben an die Ärmel, die Sie, im Umfang gleichmäßig verteilt, ans Kleid stecken. Ziehen Sie die Kräuselfäden an und steppen Sie die Teile zusammen. Sichern Sie die zurückgeschnittenen Zugaben mit Zickzackstich.

9 | Falten Sie einen Ärmel rechts auf rechts längs zusammen. Stecken Sie die Unterarm- und Seitennaht; Armkugelnaht und Ecken liegen bündig. Steppen Sie vom Ärmelbündchen bis zur Taille. Schneiden Sie die Nahtzugaben zurück; versäubern Sie sie mit Zickzackstich. Die zweite Seite nähen Sie genauso.

10 | Steppen Sie zwei Kräuselnähte oben an den Rock. Säumen Sie die Unterkante und die beiden senkrechten Kanten schmal um. Verbinden Sie Rock und Oberteil so, wie der Rock auf Seite 108-109 mit Bund versehen wurde. Probieren Sie Ihrem Bären das Kleid an und nähen Sie an Hals und Taille Druckknöpfe.

Hosen

Dieses vielseitige Schnittmuster kann gleich

mehrfach genutzt werden: weit geschnitten wird es

zur Unterhose, gekürzt zu Shorts. Das Top besteht

aus Baumwolljersey. Schneiden Sie es mit Futter

nach dem Schnittmuster des Kleidoberteils zu, ohne

den Kragen. Nähen Sie es anhand der Westen-

Anleitung auf Seite 102.

ZUSCHNITT
Schneiden Sie zwei Teile M
im Stoffbruch zu.

DAS BRAUCHEN SIE
Leichter Baumwoll- oder
Wollstoff, Feincord oder
anderes Material
Gummiband

2 | Wenden Sie *ein* Hosenbein
auf rechts und schieben Sie
es passgenau in das zweite, sodass die Innennähte genau aufeinander liegen. Stecken und
steppen Sie dann die gesamte
Schrittnaht.

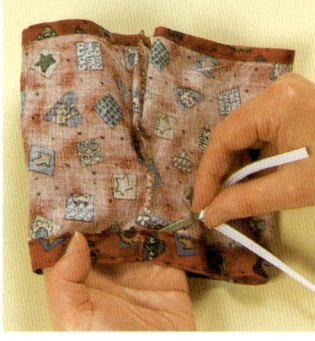

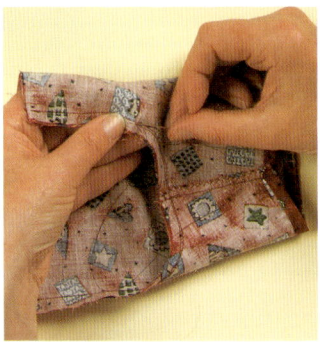

1 | Falten und bügeln Sie die
Hosenbeine unten zweimal
0,7 cm nach links um und steppen Sie diesen Saum fest. Klappen Sie jedes Hosenbein rechts
auf rechts längs zusammen, stecken und steppen Sie die in-
neren Beinnähte. Versäubern Sie
die Naht und bügeln Sie die
Nahtzugaben auseinander.

3 | Im stark gekrümmten Ober-
schenkelbereich steppen
Sie diese Naht nochmals nach.
Schneiden Sie die Nahtzugaben
etwas zurück und mehrfach ein,
wenden Sie die Hose auf rechts
und bügeln Sie sie gut aus.

4 | Für den Hosenbund falten
und bügeln Sie die obere
Hosenkante zuerst 0,7 cm, dann
nochmals 1,5 cm nach links um.
Steppen Sie einmal knappkantig
entlang der oberen Bundkante
und danach noch einmal knappkantig an der unteren Saum-
kante entlang. Hier lassen Sie
eine Öffnung frei, um das Gummiband zwischen den zwei Nähten in den Bund einzuziehen.
Dabei hilft eine dicke Stopfnadel. Probieren Sie dem Bären
die Hose an, straffen Sie das
Gummiband und knoten Sie es
in passender Weite an den Enden zusammen.

Trainingsanzug

Mit diesem saloppen Trainingsanzug wirkt der Bär wunderbar sportlich. Als Schnittgrundlage dienen der variierte Hosenschnitt und das Oberteil des Kleides.

ZUSCHNITT
Schneiden Sie zweimal Hosenteil M im Stoffbruch, einmal Vorderteil K, zweimal Rückenteil J (rechte, linke Seite) und zwei Ärmel H zu (Linien fürs Sweatshirt) sowie einen 6,5 cm breiten Strickbundstreifen.

DAS BRAUCHEN SIE
Sweatshirt-Stoff
Strickbund
Gummiband

3 | Am Sweatshirt nähen Sie zuerst die beiden Schulternähte. Schneiden Sie Strickbundstreifen für den Halsausschnitt und die Handgelenke in passender Länge zu. Steppen Sie sie an Halsausschnitt und Ärmel so an, wie zuvor bei den Hosenbeinen beschrieben. Setzen Sie die Ärmel ein und schließen Sie dann erst Ärmel- und Seitennaht in einem Arbeitsgang (siehe Seite 110-111). Versäubern Sie die beiden senkrechten Kanten am Rücken und den unteren Abschluss mit Zickzackstichen, bevor Sie sie mit einfachem Saum 0,7 cm breit auf der linken Seite feststeppen.

1 | Schneiden Sie vom Strickbund zwei Streifen ab, die um die Fußgelenke des Bären passen. Falten Sie sie längs zusammen; stecken und steppen Sie die Schnittkanten von rechts an die unteren Hosenbeinenden, idealerweise mit schmalem Zickzackstich.

2 | Versäubern Sie danach die Nahtzugaben mit breiterem Zickzackstich, damit die Schnittkanten eingeschlossen sind. Stellen Sie die Hose jetzt nach der Anleitung auf Seite 112 her.

Latzhose

Diese Latzhose mit Schirmmütze sieht hübsch zu einem Karohemd aus. Doch viele Bären tragen sie einfach über ihrem Fell.

ZUSCHNITT

Schneiden Sie Teil M im Stoffbruch zu: anhand der Latzhosen-Schneidelinie mit Latz am Vorderteil und langer Beinlänge. Den Latz am Rücken schneiden Sie ab. Sie benötigen noch den Besatz N für den Latz (im Stoffbruch) und zwei Träger (18 x 5 cm).

DAS BRAUCHEN SIE

Mitteldicker Baumwollstoff
Gummiband
Zwei Knöpfe
Druckknöpfe oder
    Klettband

3 | Stecken Sie die Träger mit den offenen Enden von rechts ca. 2,5 cm neben der rückwärtigen Hosennaht schräg (siehe Foto) fest.

2 | Wenden Sie beide Träger mit Hilfe einer Häkelnadel oder ähnlichem Werkzeug auf rechts. Schieben Sie die Nähte und besonders die Ecken gut heraus. Nähen Sie die Latzhose dann zunächst so wie die Hose von Seite 112, Schritte 1-3.

5 | Stecken Sie den Besatz rechts auf rechts oben an die Latzhose, sodass die rückwärtigen Nähte und alle Ecken genau aufeinander liegen. Steppen Sie die Teile entlang der Oberkante durch alle Lagen hindurch zusammen, damit auch die Träger mit den offenen Enden zwischengefasst sind.

1 | Falten Sie die Trägerstreifen rechts auf rechts längs zusammen; steppen Sie sie an einem Ende und längs füßchenbreit ab. Kürzen Sie die Nahtzugaben, die Ecken schneiden Sie schräg.

4 | Stecken und steppen Sie die schmalen geraden Enden des Latzbesatzes rechts auf rechts zusammen und bügeln Sie die Naht aus. Versäubern Sie die gerade Unterkante von Hand oder maschinell mit Zickzackstich.

6 Kürzen Sie die Nahtzugaben etwas. Schrägen Sie sie an Außenecken ab, an Innenecken schneiden Sie bis kurz vor die Naht.

7 Wenden Sie den Besatz nach innen. Schieben Sie alle Nähte und Spitzen nach außen, damit die Ecken exakt werden. Nach dem Bügeln steppen Sie die Oberkante rundherum knappkantig ab. Damit ein Tunnel für das Gummiband entsteht, steppen Sie den geraden Bund 1,3 cm unterhalb der ersten Naht nochmals ab. Diese Naht beginnt und endet jeweils direkt neben dem Latz (siehe Foto).

8 Ziehen Sie mit einer dicken Stopf- oder Durchziehnadel das Gummiband in den Tunnel ein. Es soll so lang sein, dass das Ende nicht aus Versehen hineinrutscht.

9 Nähen Sie in Verlängerung der Steppnähte an beiden Seiten quer über den Tunnel und durch das Gummiband hindurch, wobei Sie es so dehnen, dass dem Bären die Hose passt. Schneiden Sie die Gummibandenden nicht zu knapp neben den Sicherungsnähten ab.

10 Probieren Sie dem Bären die Latzhose an. Mit Knöpfen und Knopflöchern befestigen Sie die Träger am Latz oder, wie hier, mit kleinen Klettbandstückchen, die Sie innen am Latz und an den Trägerenden annähen. Außen setzen Sie zwei Zierknöpfe auf den Latz.

Hemd

Ein klassisches, vorn geknöpftes Hemd mit Kragen und Manschetten sollte jeder Bär besitzen. Die hier gezeigten Shorts wurden anhand des gekürzten Hosenschnittmusters aus Sweatshirt-Stoff genäht.

DAS BRAUCHEN SIE

Stoff aus Baumwolle oder
  Mischgewebe
Vier kleine Knöpfe
Evtl. vier Druckknöpfe
Bügeleinlage

ZUSCHNITT

Schneiden Sie ein Rückenteil K zu, zwei Vorderteile J (rechts, links), je zwei Ärmel H, Kragen L und Manschetten (4 x 4 cm). Außerdem zwei vordere Besatzteile (rechts, links) und eines für den Nacken (siehe Punktlinien an Teil J und K).

1 | Stecken und steppen Sie die zwei Kragenteile rechts auf rechts zusammen, nur die kürzere gerade Kante, die an die Halsöffnung kommt, bleibt offen. Beschneiden Sie die Nahtzugaben, wenden und bügeln Sie den Hemdkragen.

☞
Hemdkragen, siehe Anleitung Kragen, Seite 104-105

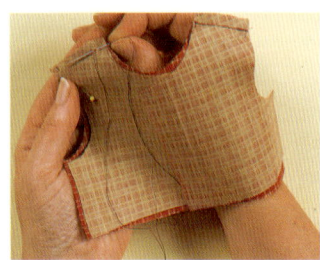

2 | Stecken und steppen Sie die Vorderteile mit den Schulternähten ans Rückenteil, von Hand oder maschinell, mit 0,7 cm breiter Nahtzugabe.

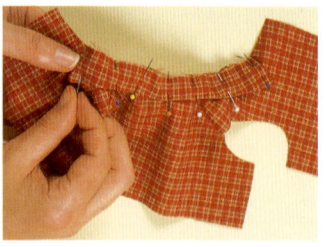

3 | Verbinden Sie die vorderen Besatzteile mit dem hinteren an der Schulternaht und bügeln Sie beide Nähte auseinander. Bügeln Sie je einen Streifen Einlage von links gegen die geraden Vorderkanten (siehe Foto). Versäubern Sie die lang geschwungene Außenkante mit Zickzackstichen. Steppen Sie an der Halskurve eine Stütznaht in die Nahtzugabe, jeweils am Besatzteil und am Hemd selbst. Schneiden Sie die Zugaben mehrfach bis kurz vor die Naht ein (siehe Westen-Anleitung Seite 102).

4 | Stecken Sie die offene Kragenkante von rechts mittig an den Halsausschnitt des Hemdes, die Schnittkanten liegen bündig. Die Kragenenden reichen nicht ans Ende. Steppen Sie ihn knappkantig fest (max. 0,5 cm Nahtzugabe).

5 | Stecken Sie den Besatz rechts auf rechts aufs Hemd, und zwar über den Kragen, Schulternähte und Kanten bündig. Steppen Sie an der unversäuberten Kante entlang, unten an einem Vorderteil beginnend, nach oben, am Halsausschnitt entlang, gegenüber wieder nach unten und ein Stück an der Unterkante entlang. Kürzen Sie die Zugaben wie gewohnt.

6 | Klappen Sie den Besatz nach innen. Bügeln Sie ihn gut. Steppen Sie die beiden Vorderkanten und den Halsausschnitt von rechts knappkantig ab. In die Nahtzugaben der Armlöcher steppen Sie dann je eine Stütznaht; schneiden Sie die Zugaben mehrfach ein.

8 | Klappen Sie die Ärmel längs zusammen, die rechte Seite innen sowie Nähte und Manschetten bündig aufeinander. Stecken und steppen Sie von der Hemdunterkante aus die Seiten- und Ärmelnähte bis zur Manschette zusammen.

9 | Bügeln Sie die Manschettenunterkante 0,7 cm nach links um und säumen dann diese gebügelte Kante von innen an die Naht. Die Hemdunterkante bügeln Sie schmal nach links, in Verlängerung der mit Besatz verstärkten Vorderkante. Beim Ansäumen klappen Sie die Schnittkante nach innen.

10 | Arbeiten Sie Knopflöcher ins linke Vorderteil ein und nähen Sie gegenüber entsprechende Knöpfe an. Sie können auch Druckknöpfe unter die Knöpfe nähen.

7 | Steppen Sie die Manschetten von rechts auf die Ärmelunterkanten. Die Ecken liegen bündig, kleine Falten reduzieren die Weite. Bügeln Sie die Zugaben zur Manschette hin. Steppen Sie die Ärmel exakt an die Armlöcher, evtl. auch mit Fältchen. Kürzen Sie die Zugaben und sichern Sie die Schnittkanten.

Ein inspirierender
Schaukasten mit den Werken
einiger führender Bärenkünstler –
um Ihnen Appetit zu machen
und Ihre Fantasie anzuregen

Galerie

Inspirationen

Die Bärenparade, die wir hier präsentieren, soll Bärenmacher und Sammler gleichermaßen anregen. Hier entdecken Sie traditionelle Bären, aber auch amüsante Kreationen einiger zeitgenössischer Bärenkünstler. Wir sind selber verblüfft, wie sich der Teddy weiterentwickelt hat. Bewundern Sie das Handwerkliche und das Künstlerische oder betrachten Sie die Werke als Anregung für eigene individuelle Entwürfe und Bärenkreationen.

TRADITIONELLE BÄREN

Alte traditionell gearbeitete Bären haben solch eine Ausstrahlung, dass wir alle gerne einen besitzen würden. Unglücklicherweise sind sie nicht nur teuer, sondern auch schwer zu bekommen. Da bleibt nur, eine Replik, also genaue Nachbildung eines alten Bären von einem Bärenkünstler oder einem Hersteller solcher traditioneller Bären wie Steiff, Merrythought oder Dean zu kaufen. Oder wir erwerben einen modernen Bären, der den altmodischen Vorgängern sehr ähnlich sieht und in einigen Fällen mit Antik-Look auf Alt gemacht wurde. Die wirkliche Herausforderung liegt aber darin, einen eigenen herzustellen.

◀ LIONEL
Iris und Ches Chesney von „H. M. Bears"

Lionel ist die Replik eines amerikanischen Bären von 1907. Er ist 40 cm groß, besteht aus Yorkshire-Mohair, hat Glasaugen, eine Holzwollefüllung und ist mit einer Brummstimme ausgestattet. Er soll wie ein alter, viel geliebter Bär aussehen, mit allen Abnutzungserscheinungen eines alten Familienbären. Durch die Anwendung von Nagelschere und -feile, von Zange, Stiften und durch die Holzwolle sieht er nicht nur alt aus, sondern fühlt sich auch sehr betagt an.

▲ JOSEPH
Keith Freeman und Susan Tailby von „Bear Paws Collectables"

Dieser gut 30 cm große Bär wurde aus einem alten Stück Mohair gemacht und mit echten alten Schuhknopf-Augen versehen. Gestopft ist er mit einer traditionellen Strohfüllung; die Wollfilzpfoten wurden mit Baumwolle gefüttert, damit sie stabiler sind. Die Nase erhielt nach dem Sticken einen Bienenwachsüberzug. Der Bär trägt eine blassblaue Schleife mit Drahtkante.

◀ BASIL
„Steiff"

Dieser sehr alte Bär von etwa 1920 ist fast 65 cm groß. Mit seinem blassgoldenen, honigfarbenen Mohair, komplett mit Gelenken ausgerüstet, seinen zweifarbigen Augen (braun mit schwarzer Pupille) und gut funktionierender Brummstimme ist dieser Bär in ausgezeichneter Verfassung. Er wäre der Stolz so mancher Sammlung. Zudem inspiriert er Bärenmacher, die Teddys nach altem Vorbild herstellen möchten.

▼ RALPH
„Merrythought"

Ralph, entworfen von John Axe, ist ein moderner Merrythought-Bär, der in der Originalwerkstatt in Ironbridge in Shropshire unter Anwendung der traditionellen Techniken hergestellt

▶ ZOTTY
„Steiff"

Hier eine moderne Replik, die die Firma Steiff nach einem frühen Bären aus der eigenen Kollektion mit geöffnetem Mund angefertigt hat. Dieser Gelenkteddy besteht aus karamellfarbenem, weiß geschecktem Mohairfell und zeigt das charakteristische Markenzeichen von Steiff: den „Knopf im Ohr".

KLASSISCHE BÄREN

Klassische Bären, von heutigen Bärenmachern und -künstlern auf traditionelle Weise hergestellt, sind immer beliebt. Sie zeigen die ganze Charakteristik alter Bären: lange Arme, lange Schnauzen und schönes weiches Mohairfell. Diese Art wollen die meisten Bärenmacher zuerst anfertigen. Hier gibt es eine wundervolle Auswahl, von schlank bis pummelig, von traurig bis glücklich, die Sie bei der Suche nach einem eigenen Stil anregen wird.

▼ TERRYCOTTER

Helen West von „Cloth Ears"
Dieser fast 40 cm große Bär besteht aus einem terrakottafarbenen Mohair im Antik-Look, Pfoten und Fußsohlen sind aus Wildleder. Teilweise ist er mit Granulat gefüllt, damit er leicht zusammengesunken wirkt. Die Augen bestehen aus Glas, die Nase ist handgestickt. Diese originelle Kreation war für den „British Bear Award" nominiert.

▼ CLAUS
Mary Holden von „Only Natural"
Claus, mit seinen rund 37 cm ein gedrungener Bär, besteht aus altem, spärlich wirkendem Mohairfell in warmem Gold; Pfoten und Sohlen sind aus Leder. Er ist mit Schraubgelenken zusammengefügt und mit Schafwolle gefüllt, einem bevorzugten Naturmaterial der Bärenmacherin, die dafür mit einem Preis ausgezeichnet wurde.

▲ BARNEY
Rosita Lynn von „Old Bexley Bears"
Dieser fast 55 cm große Bär aus Lockenmohair kann brummen, er hat schwarze Glasaugen aus Österreich, eine gestickte, gewachste Nase, eine anrasierte Schnauze und einen V-Mund. Die langen gebogenen Gliedmaßen mit Velourspfoten und -sohlen passen zum klassisch geformten Rumpf mit leichtem Buckel.

▼ GULLIVER
**Wendy Mullany von
„Atlantic Bears"**
Zu Wendy Mullanys größten Bären (71 cm) zählt Gulliver, der
aus einer auf 50 Stück limitier-
ten Serie stammt. Er besteht
aus deutschem Mohair, hat Pfoten und Sohlen aus Wollfilz,
nachgebildete Schuhknopf-Augen und eine komplette Holz-
wolle-Füllung. Splintgelenke halten ihn zusammen.

▲ DAMIAN
Alicia Merrett
Damian ist ein nur 20 cm
großer, fröhlich aussehender
Bär, einer aus der neuen
Künstlerserie der „Sit-in-your-
hand-Bären". Er ist aus fede-
rigem, ausgedünnt wirkendem
Mohair gemacht, mit Pfoten und
Sohlen aus Velours. Die schwar-
zen Augen sind aus Glas. Die
Füllung ist eine Mischung aus
Granulat und Polyester-
Füllwatte.

◀ HERBIE
Diana Oldacre von
„Oldacre Bears"
Herbie ist ein 46 cm großer Bär,
in traditionellem Stil hergestellt
und mit einem recht wehmüti-
gen Ausdruck. Er hat ein mittel-
langes Fell aus gepresstem Mohair und schwarze Glasaugen. Er
ist teilweise mit Granulat gefüllt,
was den Effekt des In-sich-
Zusammensinkens verstärkt.

◄ WOODY
Sue Schoen von „Bocs Teganau"
Woody, ein molliger, 41 cm großer Bär mit goldbraunem, dickem Fell aus gelocktem Mohair und schwarzen Glasaugen, enthält eine Mischung aus Granulat und Polyester-Füllwatte. Die Velourspfoten und -sohlen haben gestickte Krallen. Das Doppel-Halsgelenk ermöglicht viele Bewegungen. Er gehört zur Gruppe der „Sterngucker", zu der die Künstlerin bei der Erscheinung des Hale-Bopp-Kometen inspiriert wurde.

▼ CEDRIC
Jill Hussey von „Something's Bruin"
Dieser große weiche Schlenker-Charakterbär besteht aus hellem, langhaarigem Mohairfell mit in Form genähten, modellierten und bestickten Pfoten – eine typische Arbeitsweise dieser Bärenkünstlerin. Die kleinen Ohren sitzen seitlich am Bärenkopf; die ungewöhnlich geformte Schnauze ist nachträglich modelliert. Die auffällige Nase wurde zuerst in Braun gestickt und danach mit hellen, deutlich sichtbaren Einzelstichen überstickt.

WEITERENTWICKLUNG KLASSISCHER BÄREN
Tradition ist wichtig, aber wir können die Entwicklung nicht aufhalten. Bärenkünstler sind kreativ und wollen sich nicht auf einen Stil festlegen lassen. So entwickelten Teddybären mit der Zeit neue Formen, wurden mehr oder weniger realistisch, entfernten sich kaum von der Tradition oder schritten direkt ins Reich der Fantasie. Die Ergebnisse sind vielfältig und lassen viel Raum für Kreativität und Inspiration.

◀ GRANVILLE
Melanie und Paul Newton von „F. J. Hannay"
Dieser 25 cm große Bär hat langes, zotteliges Fell aus Mohair und wirkt wegen seines Schwanzes und der Augenbrauen ungewöhnlich. Die lange Schnauze, die dicke Nase, der lächelnde Mund und die Augenbrauen verleihen dem Gesicht seinen ganz besonderen Ausdruck. Die Ohren sitzen sehr tief. Er trägt einen handgestrickten Pullunder und kann stehen, wenn er auf seinen kräftigen Beinen und großen Füßen ausbalanciert ist.

▼ CYRIL
„Barbara Ann Bears"
Cyril ist ein zweifarbiger Bär aus unterschiedlich langem Mohair mit Doppel-Halsgelenk, gekrümmten schlanken Knien, Augenlidern, Wimpern und modelliertem Kopf. Der Körper ist teilweise mit Granulat gefüllt, vor allem die Knie und der Bauch, der beschwert und gewichtsmäßig ausbalanciert werden sollte. Das Doppelgelenk und ein extra angebrachtes Halsstück geben ihm viel Bewegungsfreiheit und lassen verschiedene Ausdrucksmöglichkeiten zu.

AUF ALLEN VIEREN

Vor dem Auftauchen des Teddybären im Jahre 1903 gab es viele andere Spielzeugbären. In Europa nannte man sie alle „Meister Petz". Viele waren so gemacht, dass Sie auf allen vier Beinen stehen konnten. Wenige von ihnen kamen in die frühen Sammlungen der Hersteller, zum Beispiel bei Steiff; jetzt bildet man sie wieder nach. Eine Weile gerieten sie in Vergessenheit, doch nun erleben sie ein Comeback bei den Bärenmachern, die „realistische" Bären anfertigen. Ihr ansprechendes Aussehen ist irgendwo zwischen Teddybären und echten Bären angesiedelt und erinnert uns immer an die eigentliche Herkunft unseres Teddys.

▼ MONTY
Sue Tolcher von „Hembury Bears"
Dieser Bär wurde wegen seiner massigen, gebirgsartigen Erscheinung „Monty" genannt. Er ist 51 cm lang, hat ein spezielles Doppel-Halsgelenk und einen Schwanz. Die Vorderbeine sind länger als die hinteren, so kann er wie hier auf den Hinterbeinen sitzen. Das Fell aus britischem Mohair enthält eine Mischung verschiedenfarbiger Fasern. Die Ohren sind wie bei echten Bären klein. Die Nase wurde in mehreren Schichten gewachst und dann poliert, damit sie echter aussieht.

▲ BÄR AUF RÄDERN
Sue und Randall Foskey von The „Nostalgic Bear Co.", USA
Dieser Bär, hier ohne Räder fotografiert, ist eine Nachbildung eines antiken Bären. Er ist 38 cm hoch, 48 cm lang und mit Faserstoff gefüllt. Das zimtfarbene Mohairfell im Antik-Look hat ein dunkles Grundgewebe. Pfoten und Sohlen bestehen aus Filz, die Augen aus Glas. Der Kopf hat eine Gelenkverbindung, Arme und Beine aber nicht.

▶ MISTY BEAR
**Richard und Lisa Gunston von
„Wood-U-Like Bears"**
Misty Bear, aus der Künstlerserie „Life-Like", ist aus
deutschem gespitztem Mohair
(2,5 cm lang) gemacht. Er steht
auf allen vieren oder sitzt aufrecht. Arme und Beine haben
eigene Biege-Elemente. Der Kopf
ist von Hand geformt, die Augen
sitzen realistisch zwischen
ausgeformten Lidern. Er kann
nicken und den Kopf schütteln,
denn eine besondere Mechanik
ermöglicht Bewegungen, die an
altes Spielzeug erinnern.

◀ MUTTER BÄR UND
JUNGE
**Gregory Gyllenship von
„Gregory Bears"**
Hier eine Serie einzigartiger
anspruchsvoller Sechs-Gelenk-
Bären. Auch wenn sie hier eher
realistisch und auf allen vieren
abgebildet sind, handelt es
sich doch in Wahrheit um
Teddybären.

▲ MICKEY LEE
Brigette Peacock und Jean Ball
von „Burlington Bearties"
Mickey, 41 cm hoch, hat kurzes,
samtartiges Mohairfell in hellem
Beige. Er ist einer von vier
Bären aus einer sehr kleinen
Serie, teilweise handbemalt
und mit offenem Maul als
Besonderheit.

▼ GARRISON
Alison Morton von „Brodie Bears"
Ungefähr 74 cm groß ist dieser
Gelenkbär aus englischem Mohair, gestopft mit Polyester-Füllwatte und Granulat. Zu seinen
Besonderheiten zählen das
handbemalte und mit Nadel und
Faden modellierte Gesicht sowie
die Glasaugen, die in Augenhöhlen aus Leder angebracht sind.
Außerdem fallen die gepolsterten Ballen an seinen Fußsohlen aus Fell auf. Dieser ein-
zigartige Bär wurde für ein
besonderes Fest gestaltet,
dessen Erlöse einem wohltäti-

BESONDERE MERKMALE

Eine weitere Möglichkeit, Bären
ein wenig anders zu gestalten
als üblich, ist, sie mit besonderen Merkmalen zu versehen
oder einer speziellen Behand-
lung zu unterziehen, zum
Beispiel mit Nadel und Faden
modellieren, das Fell bemalen
oder die Farbe in der Airbrush-
Technik aufsprühen, die Pfoten
mit gepolsterten oder aufge-
malten Ballen versehen, einen
offenen Mund gestalten oder
die Schnauze auf eine besondere
Weise rasieren.

▲ FLINT
Sue Smith von „Soulmate Bears"
Flint, ein 62 cm großer
amerikanischer Schwarzbär,
stammt aus einer Sammlung
amerikanischer historischer
Bären, die echte Bären so darstellen, wie sie sein sollten: in
Freiheit fischend und jagend,
fern von Grausamkeiten und
Gefangenschaft. Er besteht aus
braunem Alpakafell. Leder nahm
man für die einzelnen Pfotenballen, für die gestickten
Krallen, die modellierte Nase
und den Mund. Er hat kleine
Ohren, realistisch geäderte
„Bussardaugen" und einen
Schwanz; als Beute dient ein
geschnitzter Holzfisch.

▶ BORIS
Sue Tolcher von "Hembury Bears"

Boris, ein 66 cm großer Bär, hat extradichtes Alpakafell, Gelenke und speziell gefüllte und abgesteppte Füße. Die Pfoten bestehen aus Velours. Andere Merkmale der Bären von Sue Tolcher sind die Schwänze und die gewachsten Nasen.

▼ COCOA
Anita Hill

Cocoa ist ein 46 cm großer Gelenkbär, angefertigt aus braunem, gespitztem Alpaka, die Schnauze mit ausgedünntem Mohair und Pfoten in Beige. Gestopft ist er mit Polyester und Granulat, er hat Glasaugen und Schraubgelenke. Am Gesicht und an den Pfoten wurde das Fell fein mit der Airbrush-Pistole eingefärbt. Eine spezielle Versiegelung lässt die Nase glänzen.

◀ BERTRAND
Lisa und Richard Gunston von "Wood-U-Like Bears"

Bertrand ist ein 28 cm großer Bär aus Mohairfell mit einer Spur Pink auf dem dunklen Grundgewebe. Er ist äußerst ungewöhnlich, denn menschlich wirkende Augäpfel mit Pupille und Augenlidern sind von hinten in die Augenhöhlen eingesetzt. Die eigenwillig gestickte Nase hat mit Stickgarn umrandete Nasenlöcher. Ein spezieller, meist in Holz gefasster "Ja-Nein-Mechanismus" im Hals ermöglicht vielfältige Kopfbewegungen.

EINFACHE KLEIDUNG

Bären mit bloßem Fell sind
entzückend – aber manchmal
können Sie auch bekleidet
wundervoll aussehen. Einigen
Bären reichen schon ganz
einfache Kleidungsstücke: eine
Fliege oder ein Kragen, ein
Strickpullover oder nostalgische
Babysachen. Machen Sie es einfach vom Aussehen Ihres Bären
abhängig, ob Sie ihm etwas
anziehen oder
nicht.

◄ GRETEL
Jan Galleymore von „My Old Teddy"

Gretel ist 38 cm groß, gearbeitet
aus zotteligem Fell im Antik-
Look und hat Glasaugen aus
Österreich. Die Beine sind ange-
winkelt geformt, sodass Gretel
tatsächlich an einer Kante sitzen
kann. Hier sind sie jedoch von
ihrem Outfit verdeckt, dem alten
Babykleidchen, zu dem die Bärenmacherin durch ihre Liebe zu
alter Spitze und nostalgischer
Kleidung angeregt wurde. Die
goldene Kette mit dem Katzen-
anhänger dagegen ist modern.

▲ DANNY
Annie Davis von „Malvern Bears"

Dieser lieb lächelnde, 30 cm
große Bär mit gespitztem
Mohairfell und Filzpfoten hat
eine Mischfüllung aus Polyester
und Granulat, die ihn weich und
knuddelig macht. Die Schnauze
ist mit der Schere geschoren,
die Jacke von Hand gestrickt.

► TOBIAS
Andrew und Julie Hubbard von „Mother Hubbard"

Tobias ist ein liebevoll gestalte-
ter, 51 cm großer Gelenkbär mit
zimtfarbenem Mohairfell, Glasaugen und Polyester-Füllung. Die
blaue Latzhose steht ihm sehr gut.

▼ ALEXANDER
Naomi Laight
Aus goldfarbenem Plüschfell besteht dieser Bär. Er ist mit Kapok gefüllt und sehr fest gestopft, gemäß der unnachahmlichen Technik dieser Bärenmacherin. Der gestrickte Pullover ist ein Markenzeichen Naomis früher Bären.

▲ CHRISTIE
Jenny Sharman-Cox von „Mister Bear"
Christie ist ein traditioneller, altmodischer, 46 cm großer Bär, angefertigt aus englischem Mohair und typisch für die Modelle dieser Bärenmacherin. Zu ihm passt diese ärmellose, im Jacquardmuster gestrickte Weste, wie man sie von der Insel Fair kennt.

UNGEWÖHNLICHE KOSTÜME

Kostüme können individuell aussehen, ohne besonders aufwendig zu sein. Viele Bärenkünstler entscheiden sich für Kleidung, die aus alten Stoffen gemacht ist, um die Bären in einen historischen Kontext zu stellen oder um historische Persönlichkeiten darzustellen. Andere kleiden ihre Bären lieber so ein, dass sie modern wirken oder eine spezielle Mentalität widerspiegeln.

▶ WOLL-BÄR

Marie Robishin aus Deutschland

Dieser ungewöhnliche Bär besteht aus alten Stoffen. Sein Körper ist aus Wollstoff genäht, er hat eine Ledernase, schwarze Augen und ist mit Holzwolle traditionell gefüllt. Zur Lederhose und Jacke mit Hornknöpfen, beides aus altem Material genäht, trägt er einen Strickschal.

◀ FRAZER

Sue Tolcher von „Hembury Bears"

Frazer, ein 51 cm großer Charakterbär, der an einen barschen alten Mann erinnert, ist aus seidig schimmerndem Mohairfell gemacht; im Kontrast dazu sind Backenbart und Teile der Ohren cremefarben. Sein Kopf ist mit Holzwolle gefüllt, der Körper teils mit Granulat, teils mit echter Wolle aus der Gegend von Buckfast Abbey, England. Er trägt eine handgestrickte Pudelmütze und einen mit einer Wohltätigkeitsnadel verzierten Pullunder.

▶ SYBIL
Gloria Norbury von „Norbeary Bears"

Sybil, 30 cm groß, ist ein „struppiger kleiner Kerl, der das Beste aus seinem Leben macht". Sie stammt aus der „Gassenkinder-Serie". Hier versuchen Bärenmacher, einen abgenutzten, verschlissenen „Flohmarkt"-Effekt zu erzeugen, indem Sie neue Bären künstlich „auf Alt" trimmen. Sie nehmen traditionelles Mohairfell, Wildleder für die Pfoten und schwarze Glasaugen. Dennoch gibt es auch Zugeständnisse an moderne Füllmaterialien, zum Beispiel mischen sie Polyester mit Granulat, damit sich der Bär weich und knuddelig anfühlt.

▼ JAN
Yvonne Plakké aus Holland

Jan, ein 30 cm großer Bär aus mittellangem zotteligem Mohairfell, ist mit Granulat und Polyester-Füllwatte gestopft und hat schwarze Glasaugen. Mit seiner rot-weiß karierten Trägerhose und seinem Stohhut ist er eher ungewöhnlich gekleidet; außer-

▼ BRITISH TOMMY
Jenny Sharman-Cox von „Mister Bear"

British Tommy, ein 41 cm großer Bär aus struppigem Mohair im Antik-Look mit alten Schuhknopf-Augen, ist teilweise mit Granulat gefüllt. Die Uniform aus dem Ersten Weltkrieg wurde aus Originalstoff genäht; stolz trägt er zwei Medaillen.

HÄUSLICHE BÄREN

Manche Bären wirken besonders häuslich und gemütlich. Sie sind zum Teil deutlich als Familienmitglieder erkennbar und werden auch entsprechend gekleidet und drapiert, oder es handelt sich einfach um knuddelige Babybären, die an Kinder erinnern. Ebenso gehören Mutter- und Kindbären in diese Gruppe.

▼ HOME SWEET HOME
Jo Greeno

Diese große Familienszene wurde für „Teddy Bear Kingdom" angefertigt, das neue Museum in Huis Ten Bosh, Asiens größtem Themenpark, der Ende 1997 eröffnet wurde. Vater- und Mutterbär sowie die drei Kinder sind perfekt eingekleidet und zusammen mit ihrem Hund rund um den gedeckten Tisch versammelt.

▲ CINDERS
Elizabeth Lloyd von „Cupboard Bears"

Cinders ist nur 28 cm groß und aus weichem beigefarbenem Mohair mit Velourspfoten. Sie trägt ein blau-gelb kariertes Kleid, das in Kniehöhe geflickt ist. Ihr Ohr ist mit einer passenden Schleife geschmückt.

◄ CRISPIN
Sonya Heron aus Australien von „Enchanted Bears"
Wie alle echten Künstlerbären, so ist auch Crispin vom ersten Entwurf an in Handarbeit entstanden. Sein Fell besteht aus handgefärbtem deutschem Mohair. Dieser nostalgische Bär trägt Seemannskleidung und spielt gerade mit seinem selbst gebauten Boot.

▲ WOLFERL
Renate Hanisch aus Österreich
Wolferl trägt ein lockiges Mohairfell und einen einfachen Matrosenkragen. Renates Bären haben oft Hirschlederpfoten und eine Mischfüllung aus Polyester und diversen Granulaten. Mit Biegestäben und anderen Gelenkmechanismen können ihre Bären unterschiedlichste Haltungen einnehmen.

◄ RUSSELL
Hilary Clark
Russell, ein 45 cm großer „Einschlafbär", ist ein Sammlermodell mit Sicherheitsgelenken und -augen, das speziell für Kinder gemacht ist. Das Mohairfell ist handgefärbt, die Nase ist gestickt, und in seinem polyestergefüllten Bauch befindet sich eine Brummstimme. Solch ein Bär ist als Weihnachtsgeschenk ganz besonders begehrt.

BÄRENPAARE

Manchmal ist ein Bärenpaar mehr als die bloße Summe zweier Einzelbären. Es kann sich um ein Ehepaar handeln, ein Elternteil mit Kind, ein Geschwisterpaar oder um zwei Freunde. Entweder sind sie einfach nur so zusammen oder Kleidung und Requisiten unterstreichen ihre Zusammengehörigkeit. Was immer es ist: Ihre Freundschaft und ihre Gemeinschaft rühren den Betrachter an. Wenn Sie selbst Teddys herstellen, überlegen Sie, ob Sie nicht ein mehr oder weniger gleiches Paar nähen wollen – die Zusammengehörigkeit macht sie noch liebenswerter.

▲ WAS FÜR EIN THEATER!
Paula Lawton von „Paula-Bears"
Dieses Paar stammt aus einer „Maskeraden"-Sammlung von Bären, die sich als verschiedene Tiere verkleiden. Die Künstlerin versucht, Humor und witzige Einfälle bei der ständigen Suche nach Individualität in die Gestaltung ihrer Bären einzubringen.

◄ BETSY UND BEN
Linda Edwards von „Little Treasures"
Betsy und Ben sind 19 cm groß und aus goldfarbenem Mohair genäht. Sie haben Glasaugen, Splintgelenke und aufgestickte Krallen. Die Künstlerin stellt gern die beliebten Bärenpaare mit aufeinander abgestimmter Kleidung her.

▼ MAMA, BITTE MACH MIR
MEINEN TEDDY WIEDER GANZ!
**Teresa Rowe von „Waifs
and Strays"**
Diese Künstlerin hat Spaß an
Bären mit außergewöhnlicher
Persönlichkeit. Ihr Marken-
zeichen: der Blick für Details
und die sorgfältig genähten
Kleider.

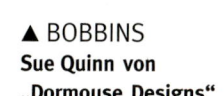

▲ BOBBINS
**Sue Quinn von
„Dormouse Designs"**
Bobbins (Spulen) sind ein klei-
nes Bärenpaar aus zotteligem
Mohair, 30 cm hoch und mit
Gelenken ausgestattet. Kilbar-
chan in Schottland, wo die
Künstlerin lebt, ist als Weber-
dorf berühmt. Während die
Weber an den Webstühlen
arbeiteten, spielten die Kinder
mit Garnspulen. Diese kleinen
Bären sind eine Erinnerung an
die „Weberkinder von
Kilbarchan".

SZENEN

Einzelbären, Paare oder
Gruppen, meist bekleidet und in
einem Umfeld aus passenden
Requisiten, haben eine ganz
eigene Ausstrahlung. Szenen
geben dem Künstler die Freiheit,
die Vorlieben der Bären und
ihre Lebenswelt darzustellen.
Durch solche faszinierenden
Arrangements scheinen die
Bären noch menschlicher zu
wirken.

▼ PFOTEN ZUSAMMEN,
AUGEN GESCHLOSSEN
**Linda Edwards von
„Little Treasures"**
Dieser 25 cm große Bär ist ins
Gebet vertieft; das Bett mit
nostalgischer Wäsche ist selbst
gemacht. Der Bär besteht aus
deutschem Mohair, hat Glasaugen, Wildlederpfoten und ist
teilweise mit Granulat gefüllt.

▲ TERRY UND SEIN
SCHIMPANSE
**Vanessa Littleboy von
„Heritage Bears"**
Terry ist ein bekleideter, 25 cm
großer Mohairbär mit Biegestäben in Armen und Beinen,
Glasaugen und einer Füllung
aus Polyesterwatte und Granulat. Der Schimpanse ist mit
Gelenken ausgestattet und hat
ein Kunstseidenfell. Da Kinder,
wie die Künstlerin meint, von
den Mätzchen eines Affen stark
angezogen werden, hat sie dem
Bären einen Schimpansen an
die Seite gestellt.

▶ DER DREHORGELSPIELER
Janet Clarke von „Teddystyle"
Dieser prachtvolle, 64 cm
große Bär hat ein Mohair-
und Alpakafell, ein mit einer
Spritzpistole eingefärbtes
Gesicht, Schuhknopf-Augen,
Biegestab-Gelenke und ein
perfektes Outfit. Der 30 cm
große Affe aus gespitztem
Mohair hat Filzhände, -füße und
-gesicht, biegsame Gliedmaßen
sowie eine Filzjacke und einen
Fez. Ihre Drehorgel ist selbst
gemacht.

▲ DREI GANZ BESONDERE BÄREN
Jenny Sharman-Cox von „Mister Bear"
Eine Gruppe mit drei besonders
charmanten Bären. Die altmodischen Kleidungsstücke und
die Requisiten (Tasche, Boot,
Schirm) passen gut zu den abgewetzt wirkenden Nasen und
zum antiken Aussehen der drei
Ausflügler.

◀ DER BÄRENMACHER
Sandie Goulder von „House of Bears"
Dieser reizvolle Bär steht hinter
seiner hölzernen Werkbank,
ausgerüstet mit Leimtopf und
Werkzeugen. Soeben scheint er
an einem kleinen Teddy zu
arbeiten – er stopft ihn mit
Holzwolle. Seine Schürze und
die Brille verleihen ihm ein
professionelles Aussehen.

FANTASIEBÄREN

Wenn sich Kreativität und Vorstellungskraft frei entfalten dürfen, können wir Außergewöhnliches leisten. Das Bärenmachen ist da keine Ausnahme. Eine Geschichte als Inspiration, ein Charakter oder Thema, dann das Spiel mit Stoffen, Fellen, Farben und Requisiten – und schon können sich erstaunliche Dinge entwickeln. Der Bär kann so einfach oder aufwendig gemacht sein, wie es Ihr Thema erfordert. Vertrauen Sie auf Ihre Eingebung und bremsen Sie nicht Ihre Kreativität.

▼ MACKINTOSH-BÄR
Margaret Mcleen und Christine Gribbin von „Growlies of Scotland"

30 cm groß ist dieser Bär aus kurzem weißem Mohair, mit weißen Velourspfoten und schwarzen Glasaugen. Er ist nach dem berühmten schottischen Architekten Charles Rennie Mackintosh benannt. Die besondere Bärennase geht auf dessen Design zurück und setzt sich aus vier Einzelquadraten zusammen. Das auch im Mackintosh-Stil handbemalte Seidenhalstuch greift sein beliebtes Rosenthema auf.

▲ EIN BÄR UND EIN DALMATINER
Jo Greeno

Diese 56 cm große prächtige Bärenfrau besteht aus Mohair, das in der Airbrushtechnik bemalt ist. Arme und Beine sind biegsam. Das selbst gemachte Kleid und der Mantel mit langer Schleppe sind aus mit Tiermuster bedrucktem Samt. Dazu trägt sie Kinderschuhe und einen Hut. Die Handschuhe aus Karton und Filz haben falsche, mit Nagellack betonte Fingernägel. In einer Hand hält sie eine Zigarettenspitze mit Zigarette. Der Hund besteht auch aus Samt, hat mehrere Zwickel im Rumpf, Gelenke am Kopf und ist ebenfalls mit der Spritzpistole gestaltet.

▶ GANDALF MIT HELFERN
Diana Oldacre von „Oldacre Bears"

Gandalf, der Zauberer, ist hier als imposante, 66 cm große Bärenkreation mit seiner mehrfarbigen Helfergruppe zu sehen. Sie sammeln magische Steine in ihren silbernen Zaubergefäßen. Das Mohairfell wurde zusammen mit dem Pfotensamt und dem Satin für die Rüschenkragen selbst in ungewöhnlichen Farben eingefärbt. Gandalfs ausgestreckte Arme lassen viel von seinem weitärmeligen Gewand aus Satin und Samt sehen. Diese Pose ist durch eine spezielle Vorrichtung (Lock-Line-Armatur) im Oberkörper möglich.

BÄRCHEN AUF DER ERDE
Dagmar Strunck von „Bärenhöhle", Deutschland

Wenn man mit seiner Art, Bären zu machen, eine künstlerische Aussage treffen möchte, dann versteht man dieses „Bärchen auf der Erde, die Krone der Schöpfung" als die Darstellung der großen Dummheit der Menschen, die für einen kleinen Moment des persönlichen Glücks die Erde zerstören. Auf dem Kopf trägt er Zeichen seiner Pein.

▼ PROFESSOR BÄR
Carol-Lynn Rössel Waugh, USA

Dieser klassische Bär aus goldfarbenem Mohair und mit Glasaugen trägt eine alte Nickelbrille. Sein aufgeweckter Blick, das Buch und der Stift weisen ihn eindeutig als intelligenten Bären aus.

BESONDERE BÄREN

Manchmal sehen Sie einen Bären oder eine Gruppe von Bären, deren Ausdruck Sie auf eine ganz besondere Weise anzieht. Es ist die Botschaft, die diese Szenen prägt und ihren speziellen Reiz ausmacht. Wir zeigen hier nur eine kleine Auswahl davon und hoffen, dass sie Sie zur Entwicklung eines eigenen besonderen Bären oder einer Szene inspirieren.

▼ RECYCLING-BÄR AUS DEM ALL

Helga Torfs von „Humpy Dumpy Bears" in Belgien

Aus Mohair im Antik-Look besteht dieser Bär. Er ist mit Polyesterwatte und Granulat gefüllt, hat angewinkelte Beine und Glasaugen. Accessoires und Kleidung sind aus Recycling-Material. Von seinem Bärenplaneten blickt er auf die verschmutzte Erde herab. Er hält seinen Planeten sauber.

▲ EIN HAUCH VON WEIHNACHTEN

Penny Chalmers von „Little Charmers"

Diese Bären wurden extra für Christie's Benefiz-Verkauf zugunsten eines rumänischen Kinderheims gemacht. Sie verkörpern die Tradition rumänischer Kinder, an Weihnachten ihre Schuhe für den Nikolaus herauszustellen. Mit den Waisenkindern und seinem Samtumhang symbolisiert der 61 cm große Bär den Heiligen.

MINIATURBÄREN

Miniaturbären sind zurzeit sehr populär bei Bärenmachern und Sammlern, doch tatsächlich werden sie schon seit etwa 1900 gemacht, als die ersten Teddys aufkamen. Man bezeichnet sie als Miniaturen, wenn sie kleiner als 12,7 cm sind. Aber viele Künstler machen noch kleinere: weniger als 7,5 cm groß. Am wichtigsten sind die richtigen Proportionen, durch die die exakte Verkleinerung größerer Bären möglich wird. Man macht sie aus kurzflorigem Mohair, samtigen Polster- oder Miniaturbärenstoffen. Spezielle Techniken sind nötig, doch das schöne Ergebnis ist der Lohn für die Mühe. Manche sind lustig kostümiert, andere zu Szenen arrangiert.

▼ GRUSS AN DEN ALTEN PUNCH
Deborah Canham

Diese Szene, von der Pionierin zeitgenössischer Miniaturbären gemacht, ist vom traditionellen, grotesken englischen Puppenspiel inspiriert. Sie spielt in einem Holztheater mit rot-weiß gestreiftem nostalgischem Dekor. Die Bären haben ein Mohairfell. Punch und Judy sind 10 cm, das Baby 5 cm groß. Die Figuren wurden nach dem Vorbild der alten Puppen mit beschwerten Köpfen und den typisch buckeligen Punch-Rücken konstruiert. Die Kostüme bestehen aus Seide, Batist und antiker Spitze. Punch und Judy haben Fußsohlen; das Taufkleid des Babys ist an einer Stelle geflickt.

▼ BALLERINA UND CLOWN
Anne-Marie Wright von „Plum Tree Bears"

In ausgefeilte Kostüme sind diese Miniaturbären gekleidet. Für das Clownskostüm wurde geschickterweise der Körper bereits aus anders gefärbtem Polsterstoff genäht, bevor die Rüschen, der Hut und die rote Nase hinzu kamen. Die rosa Nase der Ballerina passt zu ihren Ballettschuhen.

◄ FEENBÄR
Elaine Lonsdale von „Companion Bears"

Dieser Feenbär ist knapp 9 cm groß und stammt aus der Sammlung märchenhafter „Feenbären" der Künstlerin. Er ist handgenäht, hat einen Mohairkopf, aber den Rumpf aus Baumwollstoff. Er enthält Splintgelenke, Kapok und Holzwolle als Füllung und ist zusätzlich mit Stahlgranulat beschwert, das in einem Lederbeutel in seinem Bauch sitzt. Die Nase ist mit altem Seidengarn gestickt; mit Stoffmalfarben handgemalte Seidenblümchen schmücken seinen Hals. Auf seinem Kopf landet gerade ein Samtbiene auf einer Blüte.

◀ BLINKEY, DER PIRAT
Elizabeth Leggat von „Beth's Bears"

Blinkey zählt zu den nostalgischen Bären dieser Künstlerin: mit buckeligem Rücken, langen Gliedmaßen sowie Schuhknopf-Augen. Sie sind aus handgefärbtem, speziell behandeltem Mohair gemacht, damit sie viel geliebt aussehen. Mit ihren Gelenken aus Unterlegscheiben und Splinten sind sie komplett per Hand hergestellt. Für die Kleider nimmt die Bärenmacherin alte und erlesene Seidenstoffe.

▲ SCHORNSTEINFEGER
Paula Strethill-Smith von „Schultz Miniature Bears"

Zwei Bären mit handgefärbtem, struppigem Mohair: Smudger ist 10 cm groß, trägt eine Sackhose, Gürtel und Hosenträger. Alfie sitzt mit dem Werkzeug im Karren, trägt eine Straßenhose, die mit einem Band festgeschnürt ist, und eine lässige Kappe. Der Karren wird von Spike, einem 7,6 cm großen Terrier, gezogen.

▶ KLEINER BRAUNBÄR UND GOLDMÄDCHEN
Pebby Morton von „Pebby's Miniatures" und dem „Tedi Bach Hug miniature bears' club"

Aus Polsterstoff und Velourspfoten sind diese 7,6 cm großen Bärchen gemacht mit Splintgelenken und Onyx-Perlen für die Augen. Das Mädchen ist mit Polyester gestopft und trägt ein grün-weiß kariertes Kleid mit schmaler Baumwollspitze. Der Junge enthält eine Mischung aus Polyester und Stahlgranulat, damit er schwerer ist. Die Hose und das Halstuch bestehen aus feinem Karostoff. Die Kleidung ist handgenäht.

▲ ERNEST
Iris und Ches Chesney von „H. M. Bears"

Ernest ist eine Miniaturreplik eines deutschen, 46 cm großen Bären von 1903. Er ist aus Mohair, hat Gelenke sowie einen wackeligen Kopf (mit Doppelsplintgelenk), damit er älter aussieht. Die Glasaugen sind 0,6 cm groß. Was ungewöhnlich ist: Er wurde zuerst von Hand und zur Verstärkung nochmals maschinell genäht.

Schnittmuster zum Kombinieren

Obwohl dieses Buch eher einen Überblick über die Techniken des Bärenmachens geben soll, als konkrete Vorschläge zu machen, bieten wir Ihnen hier Schnittmuster für drei verschiedene Bären und für einen Miniaturbären an. So können Sie sofort mit dem Bärenmachen beginnen und erste Erfahrungen sammeln.

Die Schnittmuster in diesem Kapitel stammen von den beiden Autorinnen und ihren Mitarbeiterinnen. Aus den drei Hauptmustersätzen lassen sich drei ca. 32 cm große Bären herstellen. Der vierte ergibt einen Miniaturbären. Die nach diesen Modellen angefertigten Bären dienen dazu, die Anleitungen vorn im Buch zu illustrieren.

Die drei Schnittmustersätze A bis C unterscheiden sich in der Form der Körperteile. Sie können also zwischen drei Rumpfformen, drei Arm- und drei Beinformen wählen; auch jeder Kopf hat seine spezielle Charakteristik.

Sie können für Ihren Bären entweder den kompletten Mustersatz nur einer Künstlerin verwenden oder Sie experimentieren und kombinieren die Schnittteile verschiedener Modelle, um andere Wirkungen zu erzielen: lange oder kurze Arme und Beine, kleiner oder großer Kopf, rundlicher oder gestreckter Rumpf und so weiter.

Trotzdem gilt es, einige Dinge dabei zu beachten, denn nicht alles darf ausgetauscht werden. Das sind die Regeln, die man beherzigen sollte:

1. Jeder Kopf braucht sein dazugehöriges Kopfmittelteil.
2. Jeder Arm braucht sein dazugehöriges Pfotenteil.
3. Jedes Bein braucht seine dazugehörige Fußsohle.

Wenn Sie das beachten, können Sie frei experimentieren und Kopf, Rumpf, Arme, Beine und Ohren der drei Modelle beliebig miteinander kombinieren. Üben Sie mit diesen Vorlagen die im Buch vorgestellten Techniken, bis Sie in der Lage sind, eigene Bärenschnittmuster zu entwickeln.

Nahtzugaben sind in allen Schnittteilen bereits enthalten.

MODELL A – entworfen von Ann Stephens

Dieser Mustersatz für einen traditionell aussehenden Teddybären hat ein breites Kopfmittelteil, große Füße und sieht in Antik-Look-Mohair besonders gut aus. Je nachdem, wie Sie die Ohren ansetzen oder die Nase sticken, erzielen Sie beim selben Schnittmuster unterschiedliche Ergebnisse.

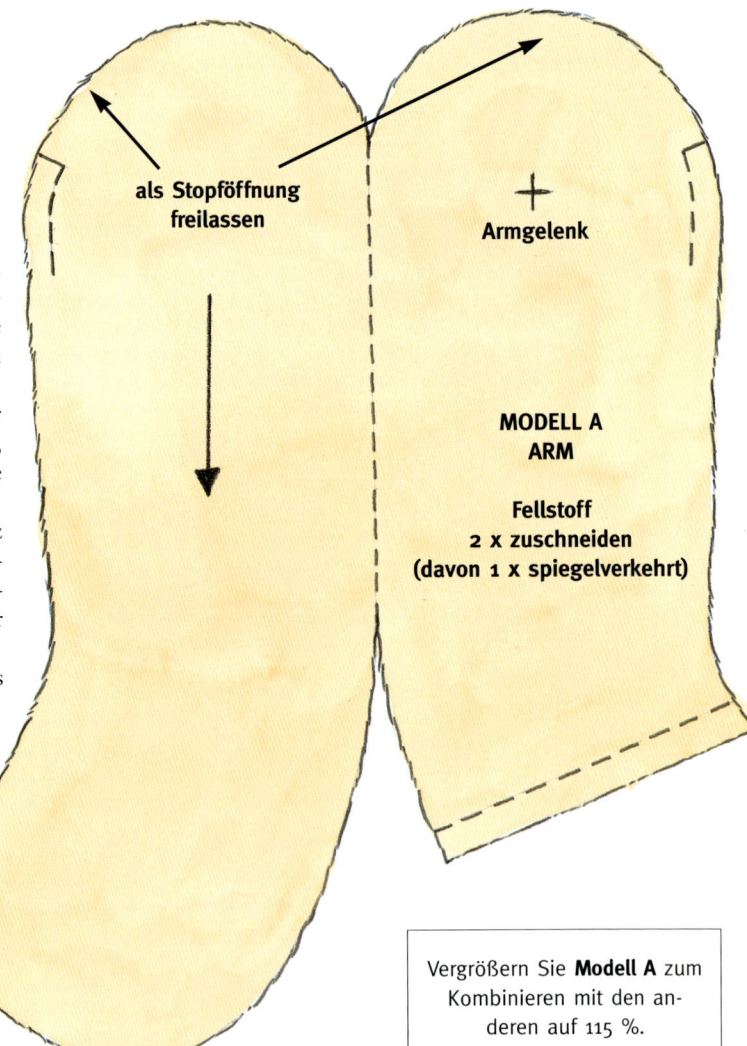

als Stopföffnung freilassen

Armgelenk

MODELL A
ARM

Fellstoff
2 x zuschneiden
(davon 1 x spiegelverkehrt)

Vergrößern Sie **Modell A** zum Kombinieren mit den anderen auf 115 %.

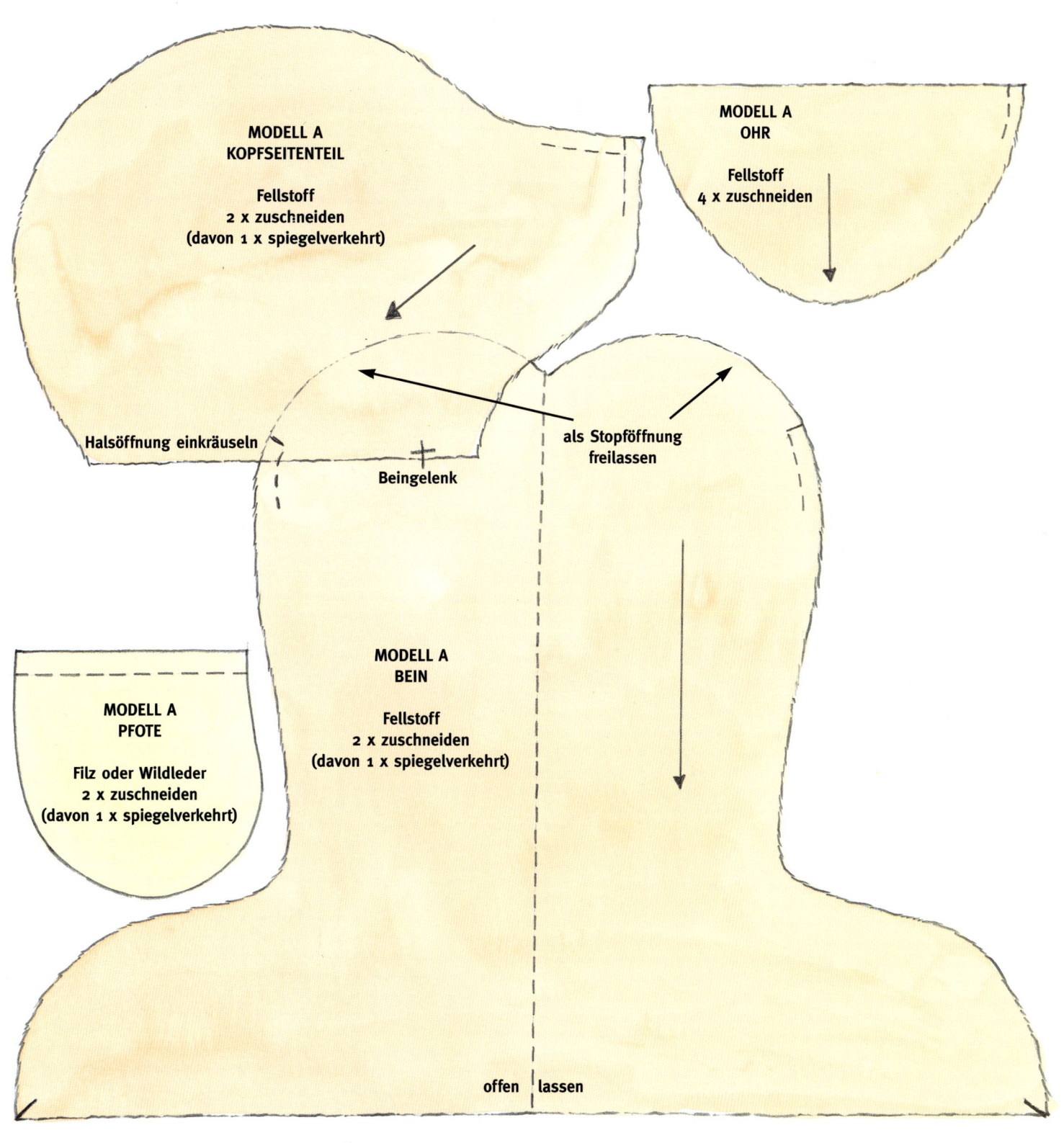

MODELL A
KOPFSEITENTEIL

Fellstoff
2 x zuschneiden
(davon 1 x spiegelverkehrt)

MODELL A
OHR

Fellstoff
4 x zuschneiden

Halsöffnung einkräuseln

Beingelenk

als Stopföffnung
freilassen

MODELL A
PFOTE

Filz oder Wildleder
2 x zuschneiden
(davon 1 x spiegelverkehrt)

MODELL A
BEIN

Fellstoff
2 x zuschneiden
(davon 1 x spiegelverkehrt)

offen lassen

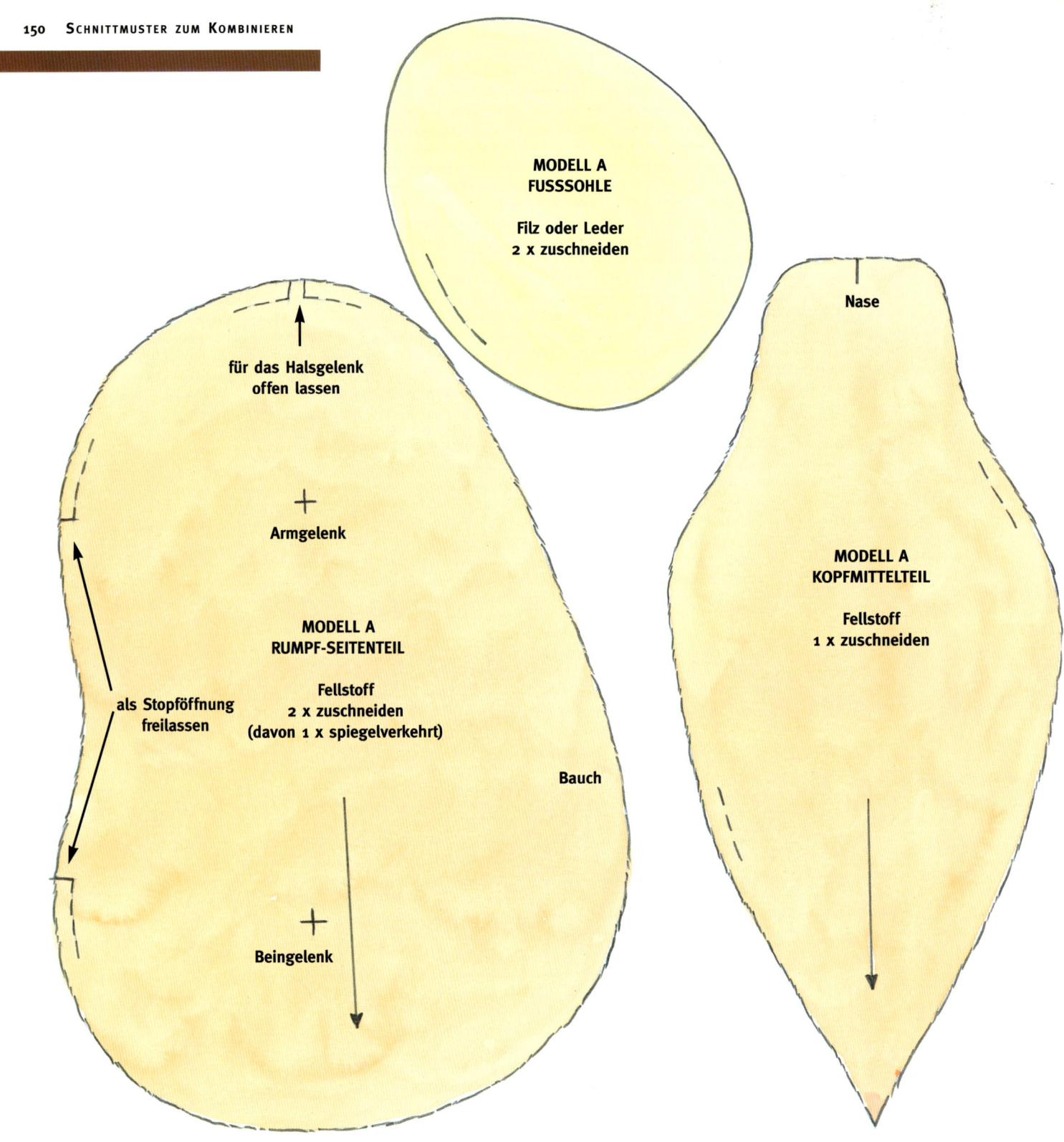

**MODELL A
FUSSSOHLE**

**Filz oder Leder
2 x zuschneiden**

Nase

für das Halsgelenk
offen lassen

+
Armgelenk

**MODELL A
KOPFMITTELTEIL**

**Fellstoff
1 x zuschneiden**

**MODELL A
RUMPF-SEITENTEIL**

**Fellstoff
2 x zuschneiden
(davon 1 x spiegelverkehrt)**

**als Stopföffnung
freilassen**

Bauch

+
Beingelenk

MODELL B – entworfen von Alicia Merrett
Dieses Schnittmuster ergibt einen Bären mit langem, schlankem Rumpf und schmalem Kopfmittelteil. Der Arm endet in einer schön geschwungenen Pfote. Das Modell sieht in dichtem, zotteligem Mohair, wie abgebildet, genauso gut aus wie mit dünnem, federigem Flor (siehe Seite 67).

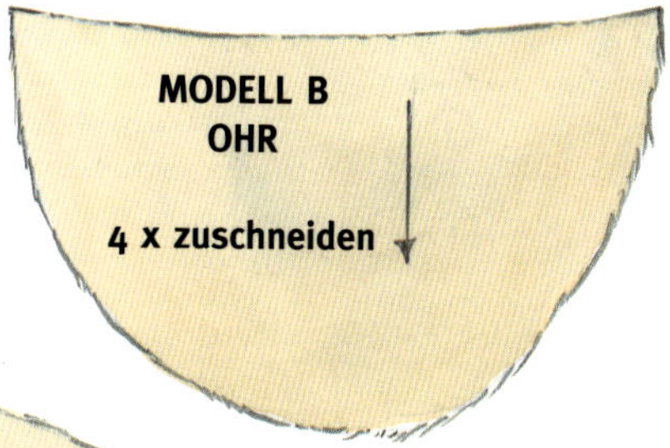

MODELL B
OHR

4 x zuschneiden

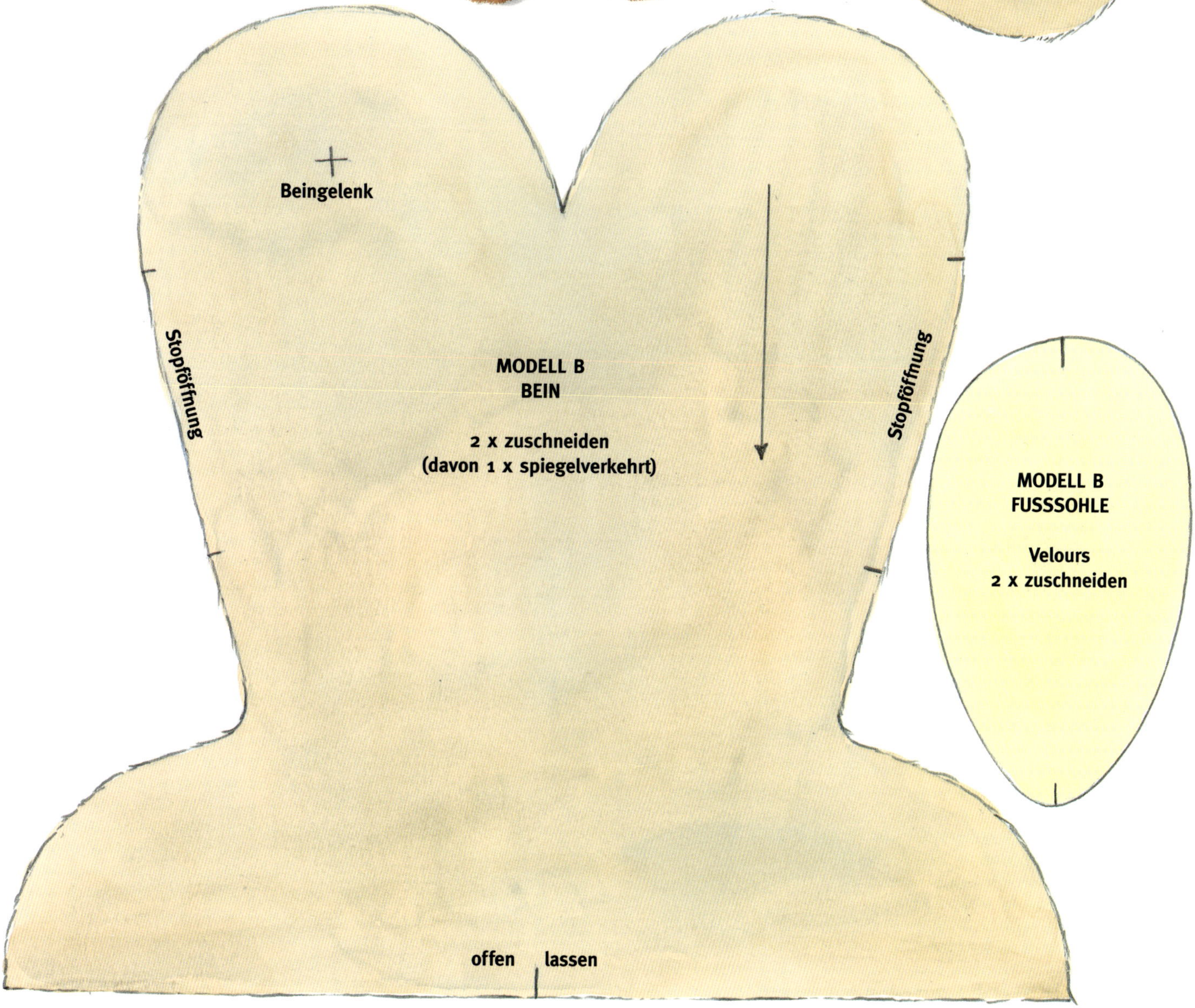

Beingelenk

Stopföffnung

MODELL B
BEIN

2 x zuschneiden
(davon 1 x spiegelverkehrt)

Stopföffnung

MODELL B
FUSSSOHLE

Velours
2 x zuschneiden

offen   lassen

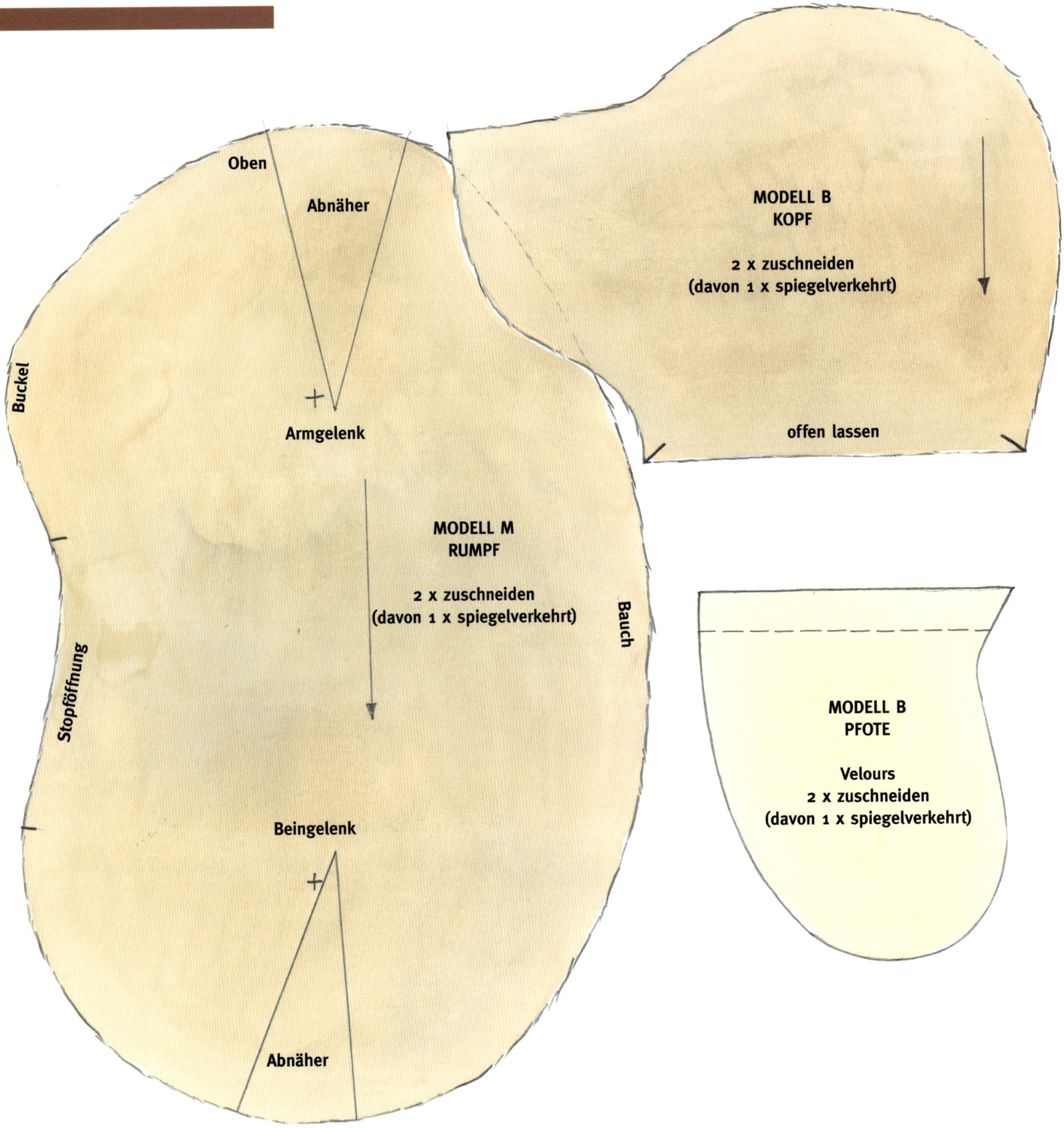

Oben

Abnäher

Buckel

Armgelenk

**MODELL M
RUMPF**

2 x zuschneiden
(davon 1 x spiegelverkehrt)

Stopföffnung

Bauch

Beingelenk

Abnäher

**MODELL B
KOPF**

2 x zuschneiden
(davon 1 x spiegelverkehrt)

offen lassen

**MODELL B
PFOTE**

Velours
2 x zuschneiden
(davon 1 x spiegelverkehrt)

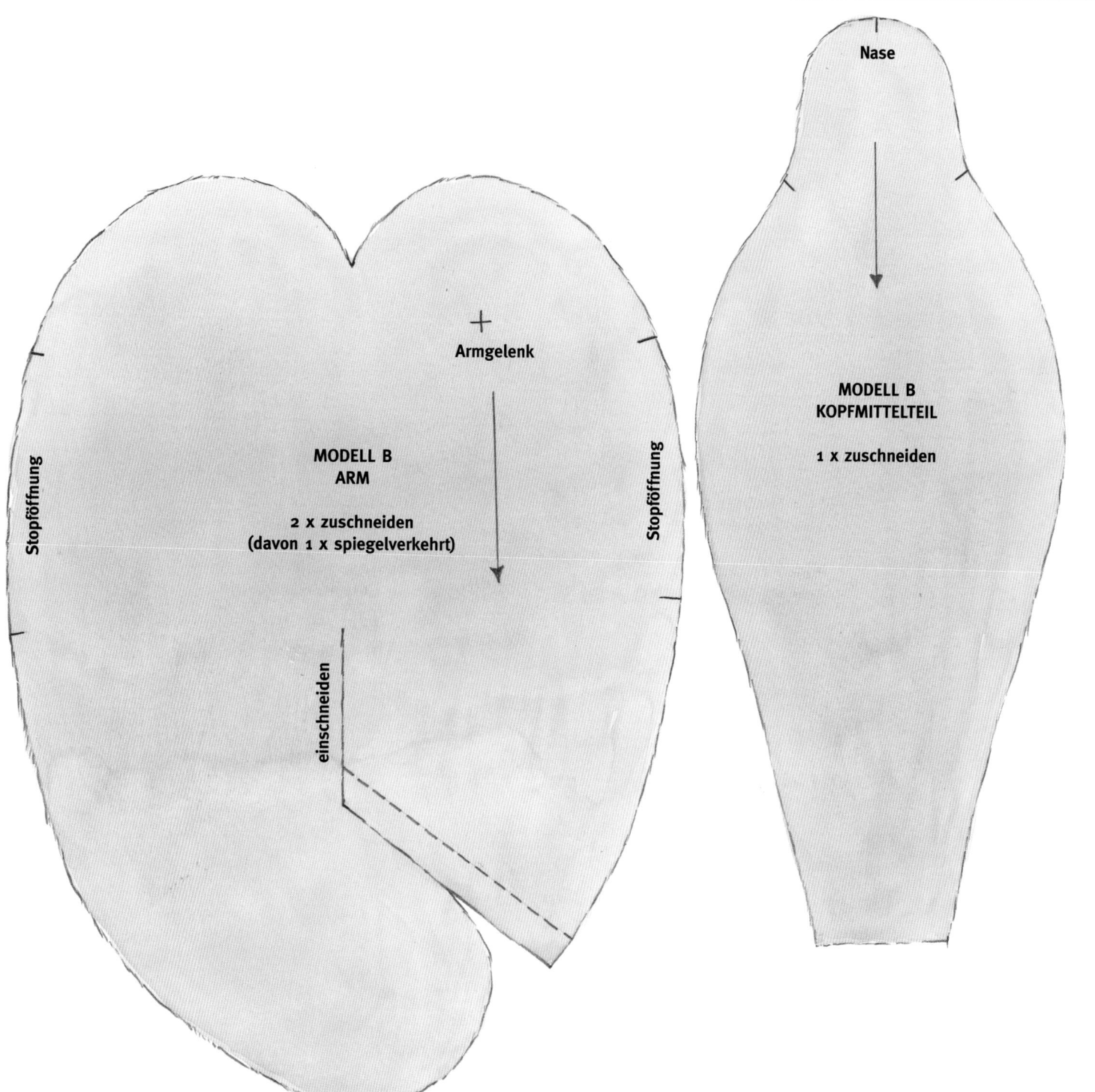

Nase

MODELL B
KOPFMITTELTEIL

1 x zuschneiden

Armgelenk

MODELL B
ARM

2 x zuschneiden
(davon 1 x spiegelverkehrt)

Stopföffnung

Stopföffnung

einschneiden

MODELL C – entworfen von Diana Oldacre
Nach diesem Schnitt sind die Bären aus dem Kapitel
über Kleidung genäht. Man erhält einen modernen
Bären mit kurzem Rumpf, rundem Kopf und hoher
Stirn. Arme und Beine sind zweiteilig. Dieses Modell
lässt sich mit kurzem, dichtem Mohair umsetzen,
aber auch mit dickem, langem und lockigem Fell.

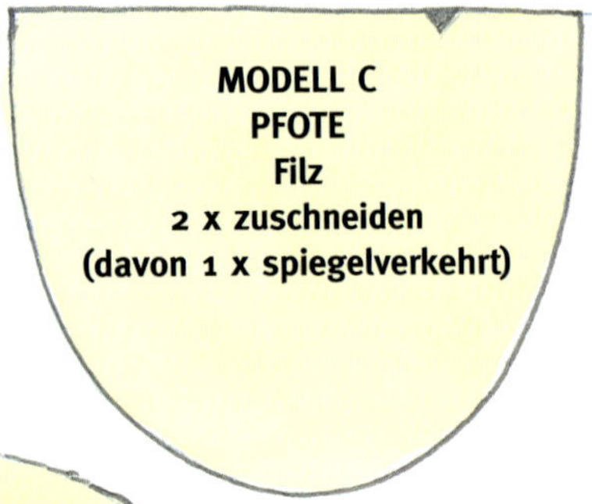

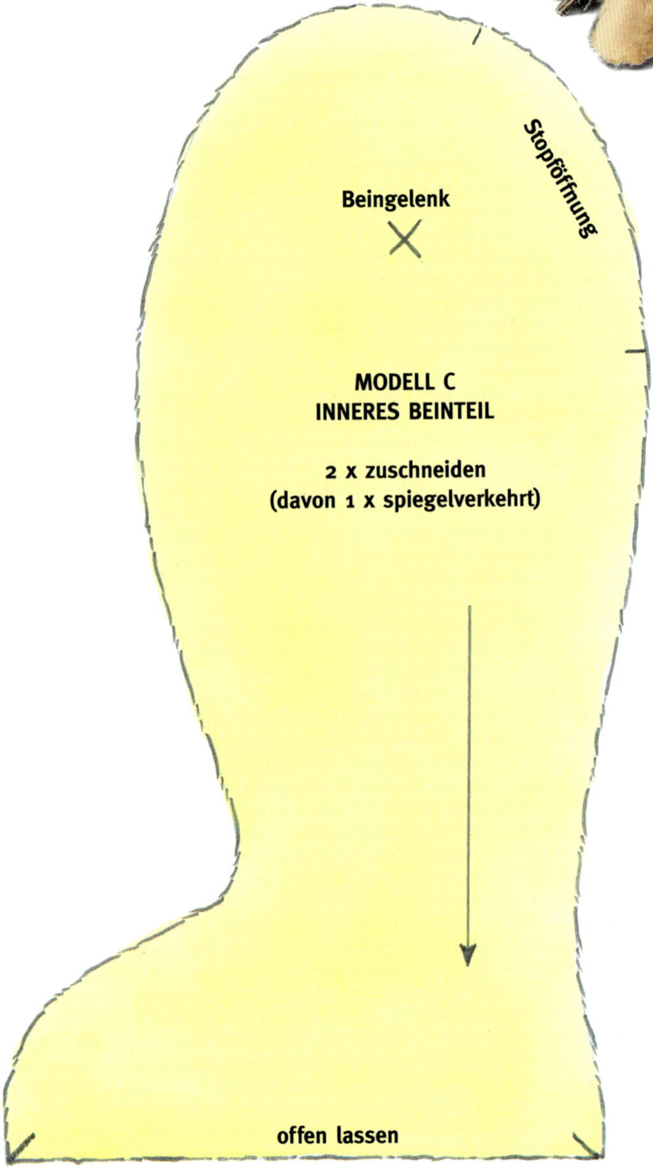

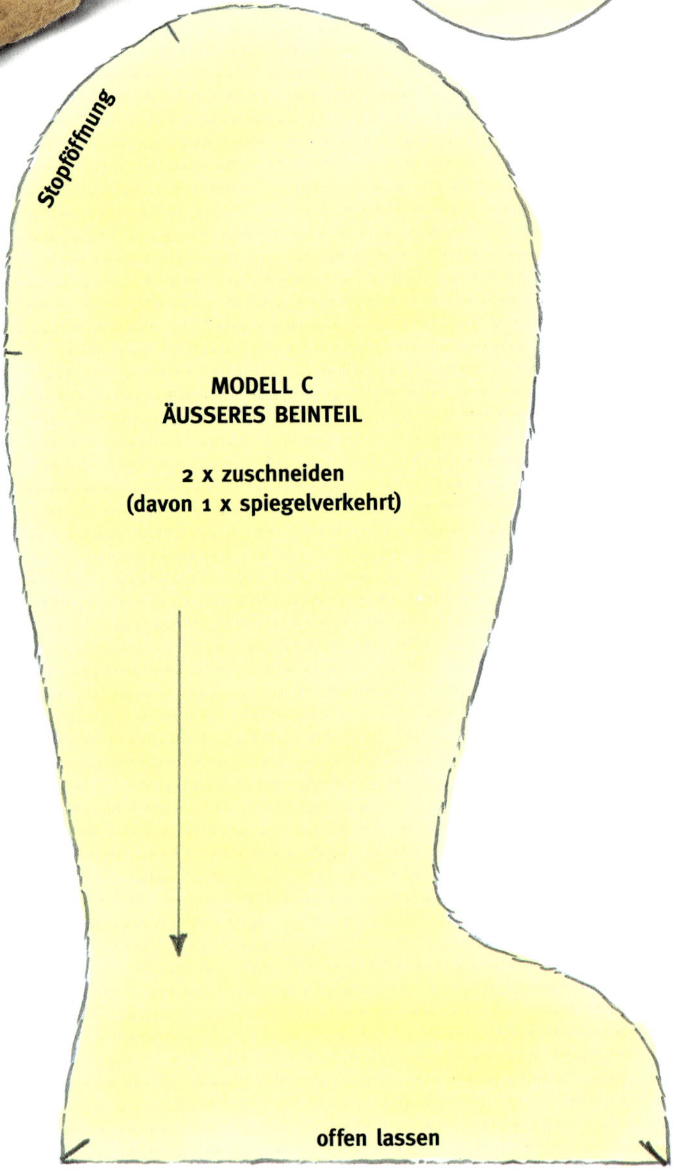

**MODELL C
PFOTE
Filz
2 x zuschneiden
(davon 1 x spiegelverkehrt)**

Stopföffnung

Beingelenk

**MODELL C
INNERES BEINTEIL**

**2 x zuschneiden
(davon 1 x spiegelverkehrt)**

offen lassen

Stopföffnung

**MODELL C
ÄUSSERES BEINTEIL**

**2 x zuschneiden
(davon 1 x spiegelverkehrt)**

offen lassen

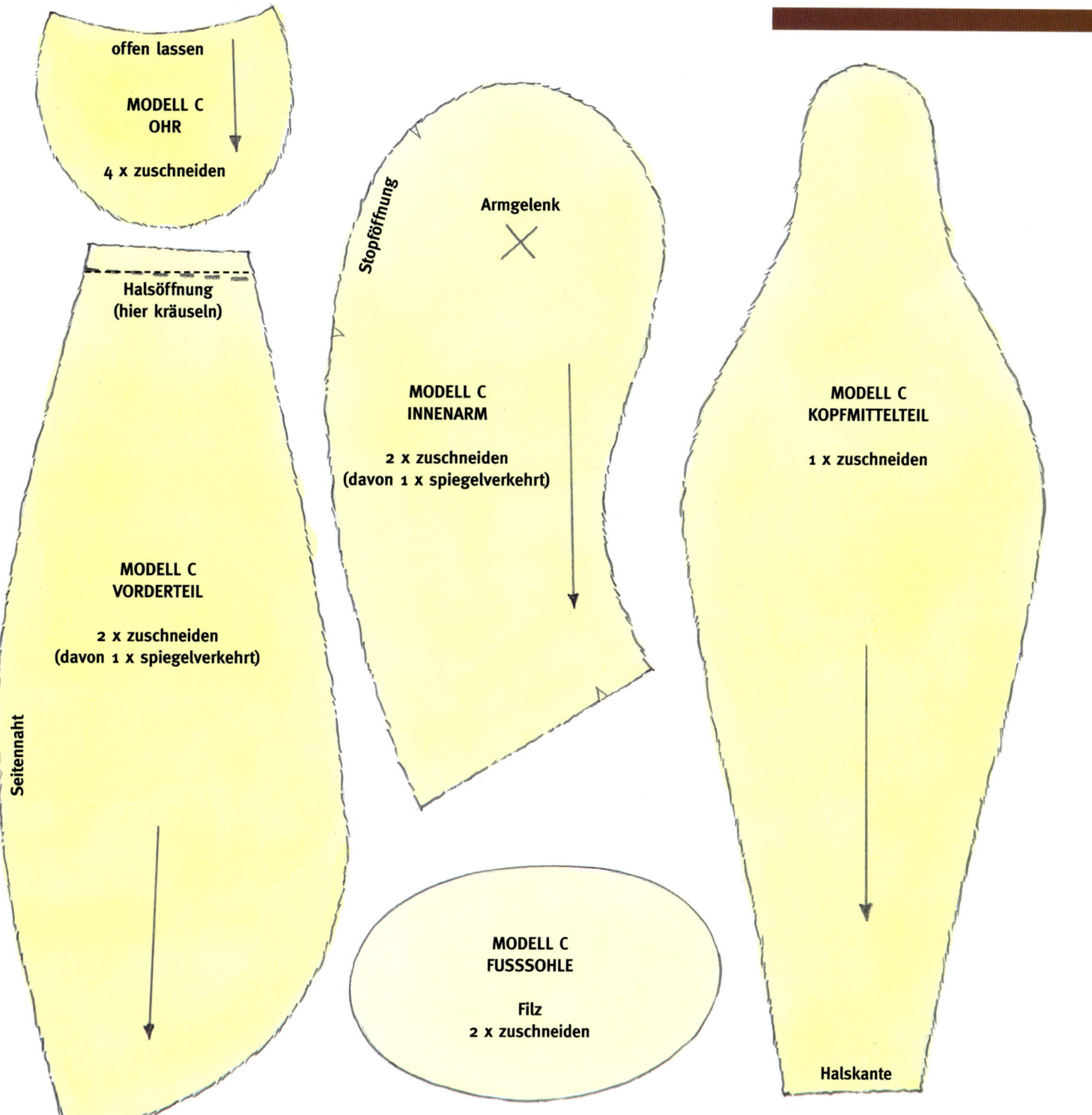

offen lassen

**MODELL C
OHR**

4 x zuschneiden

Halsöffnung
(hier kräuseln)

Stopföffnung

Armgelenk

**MODELL C
INNENARM**

2 x zuschneiden
(davon 1 x spiegelverkehrt)

**MODELL C
KOPFMITTELTEIL**

1 x zuschneiden

**MODELL C
VORDERTEIL**

2 x zuschneiden
(davon 1 x spiegelverkehrt)

Seitennaht

**MODELL C
FUSSSOHLE**

Filz
2 x zuschneiden

Halskante

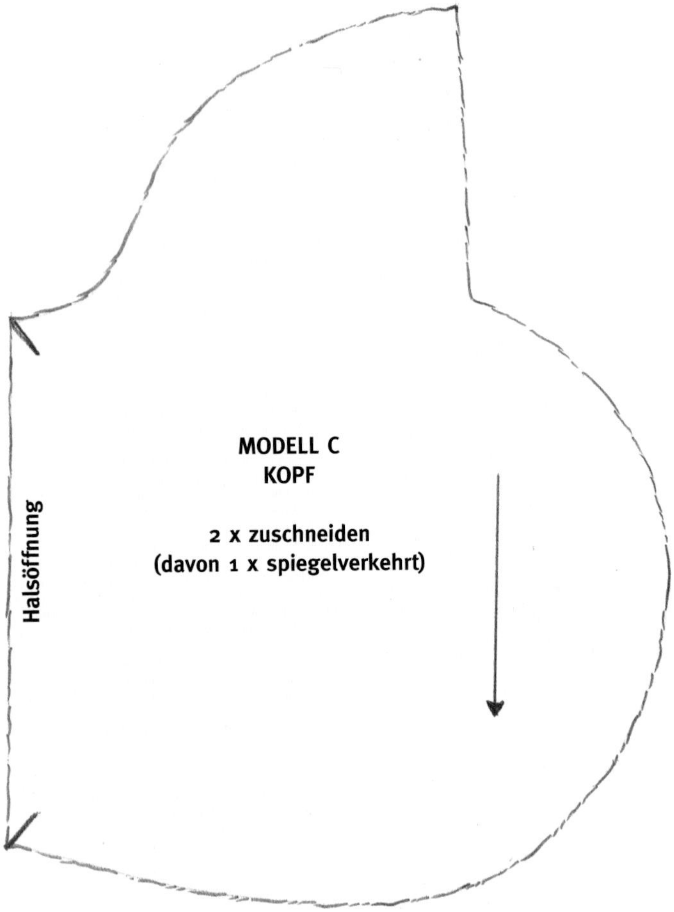

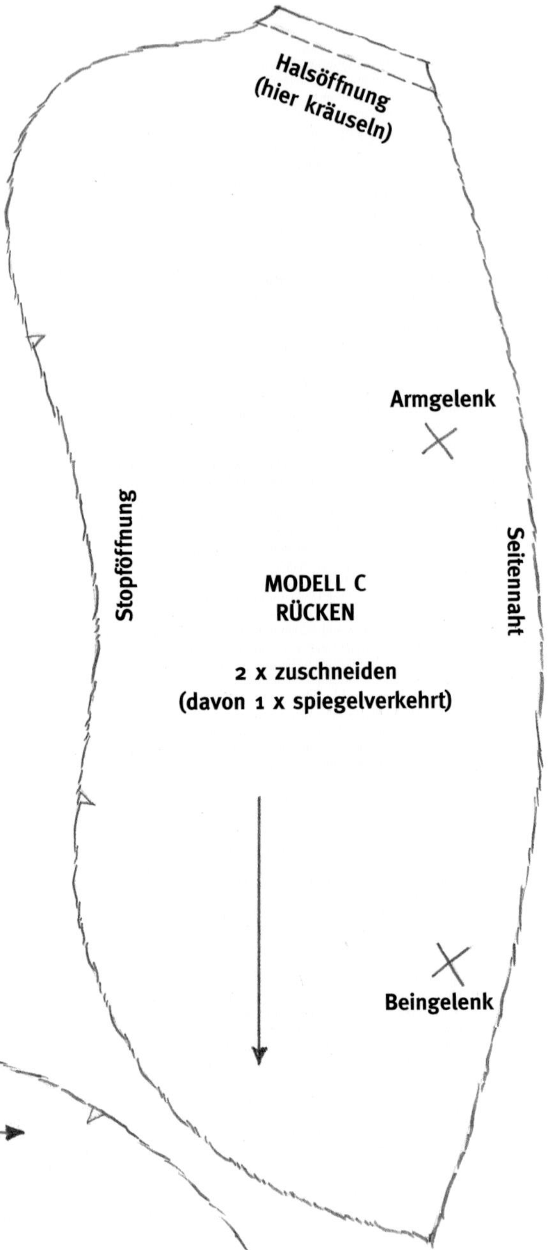

Halsöffnung
(hier kräuseln)

Armgelenk

Seitennaht

**MODELL C
KOPF**

2 x zuschneiden
(davon 1 x spiegelverkehrt)

Halsöffnung

Stopföffnung

**MODELL C
RÜCKEN**

2 x zuschneiden
(davon 1 x spiegelverkehrt)

Beingelenk

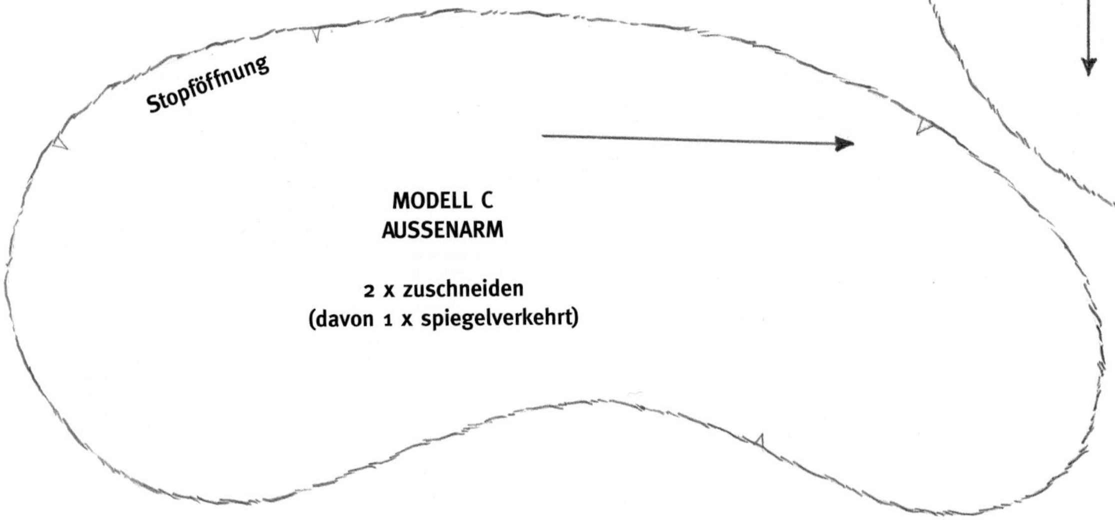

Stopföffnung

**MODELL C
AUSSENARM**

2 x zuschneiden
(davon 1 x spiegelverkehrt)

MINIATURBÄRENMODELL –
entworfen von Pebby Morton

Ein hübsches, leichtes Muster für Ihren ersten Miniaturbären-Versuch. Der Bär hat einen leicht buckeligen Rumpf, lange Arme und eine schöne Kopfform. Anfängern empfehlen wir Polsterstoff. Die Weste kann aus Filz oder Velours gemacht werden.

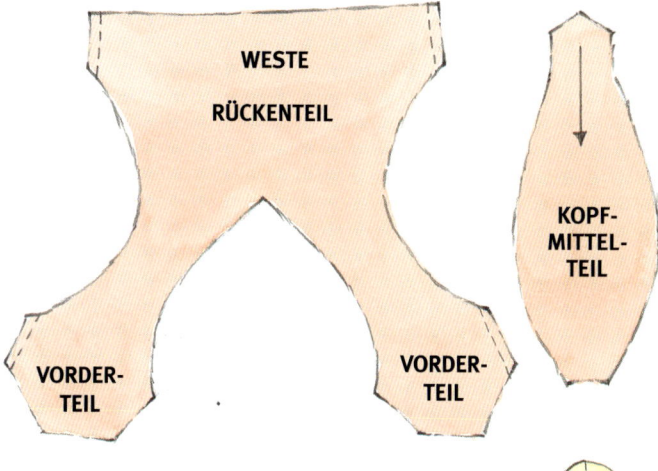

WESTE RÜCKENTEIL

KOPF-MITTEL-TEIL

VORDER-TEIL

VORDER-TEIL

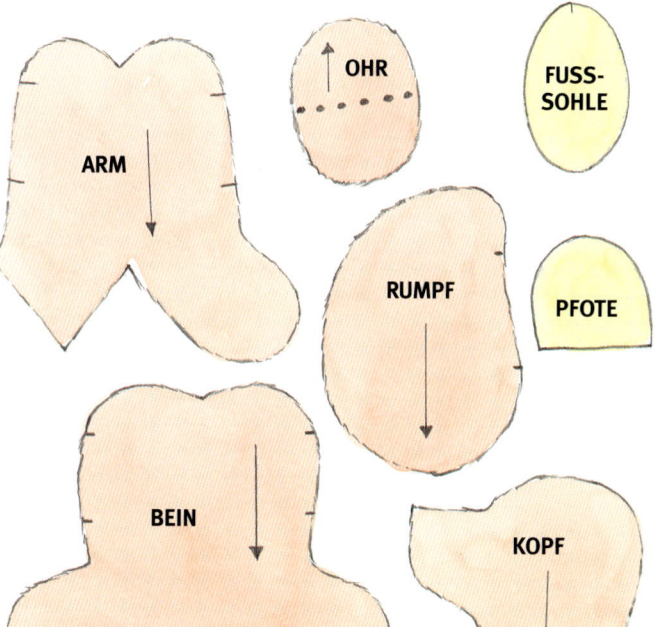

OHR

FUSS-SOHLE

ARM

RUMPF

PFOTE

BEIN

KOPF

Geschäfte mit Versand und Zeitschriften

BÄRENLADEN S. KUTNER
Niederwaldstr. 4
65187 Wiesbaden
Tel./Fax: 0611 / 8110967

BÄRENWERKSTATT
Gudrun Amer
Hutweide 45
91054 Buckenhof
Tel.: 09131 / 54847
Fax: 09131 / 507325
E-mail: amer@arcormail.de

CHRISTIE BEARS
92 The Green, Kings Norton,
Birmingham B38 8RS, U.K.
Tel./Fax: 0044-121-4598817
E-mail: christiebs@aol.com
(nur für Bestellungen)

MONI'S BÄRENHÖHLE
Monika Bittlinski
Bieberer Str. 272
63071 Offenbach
Tel.: 069 / 852057
Fax: 069 / 852067
Internet: www.BAEREN-HOEHLE.com

TEDDY UND PUPPEN BASTELSTUBE
Eva-Maria Prochazka
Margaretenstr. 76
A-1050 Wien
Tel./Fax: 0043-1-5869694

TEDDY-ACTIV
Christiane Kaufmann
Finkenweg 1
65597 Hünfelden / Ohren
Tel.: 06438 / 920716
Internet: www.teddy-activ.de
E-mail: teddy-activ@t-online.de

Zeitschriften

BÄRREPORT
Internationale Fachzeitschrift
für Teddybären „BärReport"
Teddybär-Magazin GmbH
Venloer Str. 686
50827 Köln
Tel.: 0221 / 5305567
Fax: 0221 / 5305589
Internet: www.baerreport.de

TEDDY & CO.
HCM-Verlags-GmbH
Im Buhles 4
61479 Glashütten-Schloßborn
Tel.: 06174 / 9669-0
Fax: 06174 / 9669-99
Tel. Abo-Service: 0711-7251-198

TEDDYBÄR UND SEINE FREUNDE
Theodor-Heuss-Str. 185
52428 Jülich-Koslar
Tel.: 02461 / 57661
Fax: 02461 / 52772

TEDDYS DIE KREATIVE BÄRENWELT
DOLLAMI Verlag GmbH
Postfach 335
37253 Eschwege
Tel.: 05651 / 7467-11
Fax: 05651 / 7467-19
Tel. Abo-Service: 0611 / 266106

Register

A

Abnäher 22, 24, 34, 38-39
Acrylfarben 70, 83
Ahle 12
Alpaka 15
Anregungen 120-147
Antik-Look 14, 82, 86-87
Arme 24-25, 40-41
alt machen 82, 86-87
Augen 17, 66-71
Augenposition 29, 68-69, 71
ausfransen 36, 52
Außen-Sechskant-Steckschlüssel 12, 46-47

B

Backenbart 73
Ballen 84-85
Bären
   – auf allen vieren 128-129
   – besondere 144-145
   – Fantasie- 142-143
   – häusliche 136-137
   – klassische 122-125
   – -paare 138-139
   – Miniatur- 88-97, 146-147
   – mit einfacher Kleidung 132-133
   – mit ungewöhnlicher Kleidung 134-135
   – Sammler- 8, 49, 58
   – -szenen 140-141
   – traditionelle 6, 58, 120-121
Bärennadel 10
Bastelmesser 30, 32
Baumwollperlgarn 10, 74-75
Baumwoll-Sticktwist 10

Baumwollstoff 15
Beine 24-25, 42-43
bemalen 70, 82-83
Bestandteile 8-9
Biegestäbe 16, 25, 55
Bouclé 15
Brille 9, 18
Brummstimme 9, 18, 62-63, 87
Buckel 23-24
Bürste 12, 54, 58
Bussard-Augen 17

C

Charakter 66
Cutter 12, 30, 32

D

Design 22-27
Doppelsplintgelenk 18
Drahtösen 66-68
Drehgelenk 18, 46-57

E

Edelstahlgranulat 16
Effekt-Stickgarn 10
einreihen 50
entwerfen 22-27
Etikett 8-9

F

Fadengelenk 96-97
Fadenlauf 31
Farbton des Fells 14
Fasern 33, 36
Feinarbeiten 82-85
Fell 14-15, 30-32
Fertigstellung 82-85
Fliege 102-103
Flor 14-15, 29, 30-32, 72-73
Florrichtung 29-32
Flügelschrauben 18

Foto 22-23
Fotokopierer 22-23, 28, 100
füllen 52, 56, 58-63
Füllmaterial 16, 58-63
Füllwatte 58-60, 62-63
Fuß 25, 42-43, 84-85
Fußsohle 25, 42-43, 84-85

G

Garn 33
Garnspule 71
Gelenke 9, 18, 46-57, 96-97
Gelenkposition 29, 52, 54
Geradstich 19
Gesicht 74-83, 94-95
Glasaugen 9, 17, 66-70
Glaskopf-Stecknadeln 33, 36
Glasperlen-Füllung 58
Gliedmaßen 16, 24-25
Glöckchen 9
Granulat 9, 16, 58, 60

H

Halsgelenk 54
Hammer 49
Handnähen 19, 33, 90-97
Handquiltgarn 10
Hemd 101, 112, 116-117
Henkel-Ohr 80-81
Holzwolle 9, 16, 58, 61, 72
Hose 101, 112
Hut 101, 106-107

I

Imitationsleder 14
Inspirationen 120-147

K

Kapok 9, 16, 58, 60, 62-63
Kappe 101, 106-107
Kardierbürste 12

Kaschmir 14, 90
kindersicher 8
Kinder-Spielzeugbär 8
Kleid 101, 110-111
Kleidung 19, 98-117, 132-135
Kneifzange 66
Kopf 24, 26-27, 36-38, 94-95
Kopfabnäher 38
Kopfmittelteil 22, 26-27, 36-37, 80-81
Kopfseitenteil 36-38
Körper zusammensetzen 44-63
Kragen 101, 104-105
Krallen 84
Krawatte 104-105
Kunststoffgranulat 9, 16, 58, 60
Kunststoff-Sicherheitsaugen 9, 17, 66, 71
Kunststoff-Sicherheitsgelenk 9, 18, 46, 49, 52

L

Latzhose 101, 114-115
Ledernadel 10
Ledernase 76-77
Leiterstich 19, 59

M

Markierung 12, 29, 30-31, 52-53
Maschinen nähen 19, 33-43, 100, 102-117
Material 9-10, 14-18, 90
Matratzenstich 19, 59
Merkmale, besondere 130-131
Miniaturbär 88-97, 146-147, 157
Miniaturbärenstoff 14, 90
modellieren 82-83
Mohair 9, 14-15
Mund 78-79
Musikelement 18

N

Nadeln 10
Nadelzieher 10
nähen 19, 33-43, 68-69, 80-81, 90-97, 100, 102-117
Nähgarn 10
Nähmaterial 10
Nähnadel 68-69
Nähstiche 19
Nahtlinie 29
Nahtzugabe 29, 52, 59, 90, 100
Nase 18, 26-27, 72-77, 94
Nasengarn 74-75
Nylongarn 10

O

Öffnung 29, 59
Ohren 27, 39, 80-81, 95
Onyxperlen 17, 95

P

Palette 70
Pauspapier 22-23
Pfoten 14, 25, 30, 40-41, 60, 82, 84-85
Pinsel 70
Pinzette 72-73
Plattstich 19, 72
Plüschstoff 14-15, 30-32
Polsterstoff 14, 90
Polyacrylstoff 15
Polyester-Füllwatte 9, 16, 58, 60, 62-63, 76, 94, 96-97
Polyestergarn 10
Pressholz 12, 49, 71
Proportionen 22-24, 28, 100
Puppennadel 10

Q

Quiltnadel 10

R

Rastertechnik 28
Rasur 72-73
Ratschen-Ringschlüssel 12, 46
Reißzwecke 68
Rock 101, 108-109
Rollschneider 30
Rückstich 19
Rumpf 24, 34-35

S

Samt 14
Satinstich 19, 72
Schal 106
Schere 12, 30, 32, 72-73
Schirmmütze 107
Schließscheibe 49, 71
Schlips 104-105
Schnauze 37, 71-73, 78-79
Schneidelinie 29
Schneidematte 32
schneiden 29-32, 90, 100
Schnittmuster 22, 24-25, 28-29, 30-31, 90, 100-101, 148-157
Schraubenschlüssel 46
Schraubgelenk 9, 18, 46-47, 52, 54-55
Schrot 16
Schuhknopfaugen 17, 66
Seitennaht 34-35
Seitenschneider 66
Sicherheit 8-9
Sicherheitsaugen 9, 17, 66, 71
Sicherheitsgelenk 9, 46, 49, 52
Sicherheitsnase 9, 18, 77
Skalpell 12, 30, 32
Sohle 25, 42-43, 84-85
sparse 14-15, 90
Spezialwerkzeug 12

spiegelverkehrt 29-30, 32
Spieluhrenwerk 9, 18, 62-63
Spielzeugbär 8-9, 49, 58
Spiralfeder 51
Spitzzange 12, 48, 66-67, 70
Splintgelenk 9, 12, 18, 46, 48, 52, 54-56
Springwatte 16
Staubmaske 62
stecken 33-34, 36
Stecknadel 10
Steppstich 19
Stiche 19
sticken 19, 72, 74-75, 78-79
Stickgarn 9
Sticknadel 10
Stift 12, 30-31
Stoff 9, 14-15, 30-32, 36, 90
stopfen 16, 52, 56, 58-63, 96-97
Stopfnadel 10
Stopföffnung 29, 59
Stopfwerkzeug 12, 58, 61-62
Strichrichtung 29-31

T

Tatzen 82, 84-85
Trainingsanzug 113

U

Umrisszeichnung 22-23
Unterhose 110

V

Velours 14, 90
Venenklemme 12, 52-53, 56, 93
Viskose 15
Vorstich 50, 54, 77

W

Wackelkopfgelenk 18, 50-51

Webnadel 10
Wenden 52-53, 93
Werkzeug 10-13, 93
Weste 100, 102-103, 108
Wildleder 9, 14, 41
Wollfilz 9, 14

Z

Zickzackstich 100
Zubehör 10-13
zuschneiden 29-32, 90, 100

Danksagungen

Quarto Publishing möchte allen unten aufgeführten Beteiligten für das zur Verfügung gestellte Bildmaterial und für die Abdruckgenehmigungen der urheberrechtlich geschützten Werke danken. Sollte es trotz aller Bemühungen, die Copyright-Inhaber festzustellen, zu Versäumnissen gekommen sein, bitten wir dafür um Entschuldigung.

Legende: o. = oben; u. = unten; r. = rechts; l. = links, M. = Mitte

Barbara Ann Bears S. 127 r.; Atlantic Bears S. 124 r.; Bärenhöhle S. 144 o. l.; Bear Paws Collectables S. 129 o. r.; Beth's Bears S. 147 o. l.; Bocs Teganau S. 58 o. l., 126 o.; Brodie Bears S. 130 u.; Burlington Bearties S. 130 o. r.; Deborah Canham S. 146 l.; Hilary Clark S. 9 o. l., 137 u. r.; Cloth Ears S. 28, 44/45, 64/65, 122; Companion Bears S. 9 u. r., 146 o. r.; Cupboard Bears S. 136 o.; Dormouse Designs S. 139 o.; Enchanted Bears S. 137 o. r.; Jo Greeno S. 136 u., 142 o. r.; Gregory Bears S. 129 u.; Growlies S. 142 u. l.; Hairy Beary Co. S. 78 o. l.; Renate Hanisch S. 137 l.; F. J. Hannay S. 1 l., 127 l.; Hembury Bears S. 128 l., 131 o. r., 134 l.; Heritage Bears S. 140 o. r.; Anita Hill S. 131 u. l.; H. M. Bears S. 7 o. l., 86 o. l., 118, 120 u. l., 147 r.; House of Bears S. 141 u. r.; Humpy Dumpy Bears S. 145 u. l.; Naomi Laight S. 133 r.; Little Charmers S. 145 o. r.; Little Treasures S. 13 u., 140 u. l.; Norbeary Bears S. 135 o.; Malvern Bears S. 132 l.; Alicia Merrett S. 1 M. r., 2 l., 3 l., 8 l., 10, 30, 52 o. l., 63, 73, 77, 79, 124 l., 151; Merrythought S. 121 u. l.; Mister Bear S. 133 l., 135 u. l., 141 l.; Mother Hubbard S. 132 u. l.; My old Teddy S. 132 o. r.; The Nostalgic Bear Co. S. 128 r.; Oldacre Bears S. 3 r., 7 u. l., o. r., 14, 19, 98/99, 103, 105, 106, 107, 109, 111, 112, 113, 115, 117, 125, 143, 154; Old Bexeley Bears S. 123 l.; Only Natural S. 119 u., 123 r.; Paula-Bears S. 138 o.; Sue Pearson Collection S. 6 l., 36, 121 M., r.; Pebby's Miniatures S. 2 r., 97 o. r., 147 u. l., 157; Louise Peers S. 90 o. l.; Pictor S. 22 u. r.; Yvonne Plakké S. 135 u. r.; Plum Tree Bears S. 88, 146 u. r., Carol-Lynn Rössel Waugh S. 8 r., 22 o. l., 82 o. l., 100 o. l., 119 o., 144 u.; Schultz Miniature Bears S. 147 o. r.; Something's Bruin S. 126 r.; Soulmate Bears S. 130 o. l.; Ann Stephens S. 2 M., 3 M., 6 r., 33, 51, 71, 75, 81, 87, 148 o. r.; Tedi Bach Hug Miniature Bears' Club S. 147 u. l.; Teddystyle S. 141 o. r.; Theodore's Bear Emporium S. 134 o. l.; Sue Tolcher S. 7 u. r.; Waifs and Strays S. 139 u.; Wood-U-Like Bears S. 129 o., 131 u. r. Wir danken für die Erlaubnis, dass wir einige Bilder aus Christie's Katalog vom Dezember 1996 veröffentlichen durften.

Das Copyright von allen anderen Fotos liegt bei Quarto Publishing plc.

Quarto möchte sich außerdem bei Diana Oldacre von Oldacre Bears für das Kleidungs-Kapitel bedanken sowie bei Juley Merrett für die allgemeine Hilfe. Wir bedanken uns ferner bei Oakley Fabrics und Christie Bears für die Bereitstellung von Werkzeug, Zubehör und Material für dieses Buch sowie bei Hugglets für all die Hilfe und vor allem dafür, dass sie uns während ihrer Veranstaltung „Teddies '97 Fair" Platz zum Fotografieren zur Verfügung gestellt haben.